이순희 창작곡 190

남자키 / 여자키로 구성

영혼을 살리는 찬양

6

CCM2U

발 간 사

할렐루야! 끝없이 솟아나는 '찬양의 샘'을 허락하신 하나님을 찬양합니다. 하나님이 부어주신 영감으로 자작곡 악보집 『영혼을 살리는 찬양』 6권을 출판하게 되었습니다. 삼년 남짓의 짧은 시간 동안 천 백곡을 만들었고, 4월 6일에는 오직 창작곡으로 구성된 1004곡 기념 찬양콘서트를 엽니다. 이 모든 것이 하나님의 은혜입니다. 살아계신 하나님은 성령으로 저를 강권하시어 찬양을 만들 때 세상이 알 수 없고, 줄 수 없는 기쁨을 누리게 하셨습니다. 매일 강도 높은 사역을 이어가면서도 틈만 나면 찬양을 만드는 일에 몰두하게 하셨고, 찬양이 한 곡 한 곡 만들어질 때마다 오묘하고 놀라운 하나님의 능력을 체험하게 하셨습니다. 이 악보집을 만나는 여러분 모두가 제가 경험한 찬양의 능력을 체험하고 찬송 중에 거하시는 하나님을 만나시길 바랍니다.

찬양은 그 자체로 최고의 언어이며, 위대한 행위입니다. 하나님을 높이는 찬양은 우리의 영혼을 살리고 강하게 합니다. 죄를 이기고, 마귀를 이기며, 세상을 이기게 합니다. 말씀으로 채워진 가사는 말씀의 깊이를 깨닫게 하고, 기름부음이 강력한 선율은 하나님의 임재를 경험하게 합니다. 뜨거운 찬양 속에서 성도는 변화와 치료, 기적의 역사를 경험할 수 있습니다. 찬양의 문이 열릴 때 그리스도인은 기도의 문, 말씀의 문, 전도의 문, 사명의 문이 열리는 복을 누릴 수 있습니다. 여러분 모두가 무한한 찬양의 능력을 누리시길 바랍니다.

이 악보집이 나오기까지 한결같은 사랑과 신뢰로 격려해준 사랑하는 남편 김광옥 장로와 두 아들 성훈, 성민에게 감사의 마음을 전합니다. 물심양면으로 동역하며 기도해주신 영혼의 샘 세계선교센터와 백송교회 성도님들에게 감사를 전하고, 원미현 목사, 허신영 전도사를 비롯한 음악부원들에게 감사의 마음을 전합니다.

2024년 3월 만물이 소생하는 봄에

이 순 희

이순희 4집 음반 전체듣기

이순희 5집 음반 전체듣기

이순희 6집 음반 전체듣기

복음과 내적치유

복음과 인생설계

복음과 가족치유

보라! 하나님의 일하심을

보라! 행복한 주의 종들을

Contents

남자키 | 가나다순

가

가슴 벅차게 C 1
감사하세 G 110
강력한 치료의 빛 C 2
거칠게 불어오는 Bm 42
견딜 수 없는 Gm 179
고난의 밤에도 F#m 153
고난이 유익이라네 F#m 156
고단한 인생길 Bm 43
고통스럽게 F#m 154
곤고한 내 영혼 Gm 180
괴로운 인생 Bm 44
교만은 패망의 선봉이요 Cm 67
길이요 진리요 생명되신 Bb 169
깊은 내면의 상처와 Bm 45
깨닫는 것이 은혜라네 C 3
꿈길을 걸어 F#m 155
끝없이 흐르는 C 4

나

나는 사랑의 주를 Eb 56
나의 목자 되신 A 136
나의 사랑 나의 주님 Eb 57
나의 앞길이 Bm 46
나의 영혼이 잠잠히 Eb 58
날 받으소서 D 29
내 영혼 깊은 곳에 Gm 181
내 영혼에 어둠의 F#m 157
내 영혼에서 흘러넘치는 F 83
내 형제들아 Bm 47
내 힘과 생각으로 F#m 158
내가 괴로워 울고 Cm 68
내가 맞다 생각한 나 F#m 159
내가 여호와를 G 111
너희가 이제 Gm 182
너희는 여호와의 A 138
높고 높은 하늘을 향해 G 112
높고 크신 주님의 G 113
눈부신 빛으로 G 114
능력의 비결 F 84

다

다시 오실 예수 그리스도 G 115
당신은 사명을 A 139
두 마음의 싸움에서 Cm 69
두려움과 아픔에 놓인 Dm 99

마

마음에 피어난 G 116
마음을 치료 Bm 48
마음이 성결한 자는 F 85
많은 사람들 상처에 D 30
멈출 수 없네 C 15
모든 사람이 Eb 59
목소리 높여 C 5
무너진 마음으로 Gm 183
물결처럼 흐르는 F 86

바

보혈로 맺어진 F#m 160
복을 주시기 원하네 A 140
분별의 빛 비추시는 C 6
불을 부으소서 A 141

사

사랑으로 세상을 C 7
사랑의 나의 주님 Bb 170
사랑의 불 오 오 G 117
사랑의 주님이 Dm 100
사랑이 무엇인지 G 118
살짝쿵 A 142
상처 입은 마음에 F#m 161
상처로 가득한 Bm 49
상처에 갇혀 F#m 162
새벽이슬 같은 G 119
샘 곁에 머무는 나무가 C 8
생각을 공격하는 F 87
생수의 강 흘러 넘쳐 D 31
성령님 내게 Bb 171
성령님 내게 다가와 Eb 60
성령을 받은 D 32
성령의 바람 Dm 101
성령의 불 A 143
성령의 불로 다가와 F 88
성령의 불로 임하사 F 89
성령의 불을 받아 A 144
성령의 불을 붙이세 F 90
성령의 인도를 받는 Dm 102
성령의 충만함 D 33
성령의 폭발적인 Eb 61
세상 살아가는 사람 Eb 62
세상에 가득히 Dm 103
세상을 바라보며 Dm 104
세상이 감당 못할 C 9
십자가는 역전의 능력 Eb 63
십자가로 보이신 Cm 70
십자가에 달리신 Cm 71
십자가에서 흘리신 F 93
십자가의 능력을 F#m 163
십자가의 능력이 Cm 72

아

아무것도 할 수 없이 Gm 184
아무도 모르는 Bb 172
아무런 감정 없이 Cm 73
아무리 몸부림쳐도 Dm 105
악하고 험한 A 145
어두운 인생길에 Bm 50
어둠 속에 갇혀 Gm 185
어둠 속에 함몰되어 Cm 74
어둠 속을 헤치고 Bm 51
여기저기 부딪치는 F#m 164
여호와께서 Eb 64

Contents

열매를 찾으시는 A 146
열매맺는 삶 살아가세 D 34
영광스런 부활의 아침 C 10
영광스런 저 천국 Bb 173
영적게으름 Cm 75
영적전쟁에서 F 91
예수 안에 있는 인생 C 11
예수님 나의 영혼 Bb 174
예수님의 은혜 C 12
예수님이 세상을 G 120
오랜 세월 죄의 짐에 Cm 76
온 세상이 어둠에 Bm 52
완전한 승리 C 14
외롭고 곤고한 F#m 165
우리 모두 고도의 Cm 77
우리는 걸어가네 C 13
우리에게 소망을 G 121
우리에게 힘이 있을 때 Eb 65
우리의 무의식에 Bm 53
우리의 영혼을 Bm 54
우리의 인생길 F 92
우리의 인생에 D 35
우리의 인생을 강건케 Cm 78
우리의 인생을 운행 A 147
우리의 인생을 주관 C 16
위의 것을 바라보며 D 36
육의 힘으로 G 122
이전 것은 지나갔으니 Dm 106
인생의 참된 행복은 C 17
일분일초 일분일초 D 37

자

자비로운 손길로 Dm 107
자비와 은혜가 C 18
자비와 은혜로 Dm 108
전신갑주 입고 C 19
전신갑주 전신갑주 입고 C 20
좁은 길 생명의 길 Gm 187
죄의 무게에 G 123
죄의 자리에 Gm 188
주 안에 있는 우리는 Dm 109
주 안에서 항상 Bb 175
주님 가신 길 F 94
주님 앞에 나아가는 G 124
주님께 뿌리내리세 A 148
주님의 능력 G 125
주님의 사랑으로 C 21
주님의 손길이 Cm 79
주님의 위대하심을 G 126
주님의 은혜 Cm 80
주님의 은혜 Gm 186
주님의 은혜가 G 127
주님의 자비와 F#m 166
주를 믿는 자는 D 38
주를 찬양하라 F 95
주를 찾는 A 149
주를 향한 감사의 노래 G 128
주를 향한 열정이 C 22
주의 사랑 안에 G 129
주의 사랑에 F 96
주의 품에 G 130
준비합시다 Bb 176
지치고 상한 Cm 81
지혜로운 사람은 F 97
지혜로운 성도는 C 23
지혜로운 자는 C 24
진리 안에 자유 F 98

차

찬양 우리의 모든 것 D 39
참된 그리스도인은 Bb 177
참된 믿음 A 137
천국을 향해 C 25
천국을 향해 나아가는 A 150

카

캄캄한 어둠이 드리우고 Bm 55

파

포도나무 되신 C 26

하

하나님 사랑의 G 133
하나님은 우리의 Gm 189
하나님을 가까이 A 151
하나님을 찬양하라 A 152
하나님의 놀라운 사랑 C 27
하나님의 능력의 Bb 178
하나님의 능력의 손이 Gm 190
하나님의 능하신 손 Eb 66
하나님의 사랑 G 131
하나님의 사랑이 G 132
하나님의 영광이 G 134
하나님이 내게 주신 C 28
하나님이 찾으시는 D 40
하늘에서 맑은 물을 F#m 167
할렐루야 주께 영광 D 41
해결할 수 없는 F#m 168
행복하다 생각했지만 Cm 82
헤아릴 수 없는 G 135

Contents

남자키 | 코드순

C

가슴 벅차게	C	1
강력한 치료의 빛	C	2
깨닫는 것이 은혜라네	C	3
끝없이 흐르는	C	4
목소리 높여	C	5
분별의 빛 비추시는	C	6
사랑으로 세상을	C	7
샘 곁에 머무는 나무가	C	8
세상이 감당 못할	C	9
영광스런 부활의 아침	C	10
예수 안에 있는 인생	C	11
예수님의 은혜	C	12
우리는 걸어가네	C	13
완전한 승리	C	14
멈출 수 없네	C	15
우리의 인생을 주관	C	16
인생의 참된 행복은	C	17
자비와 은혜가	C	18
전신갑주 입고	C	19
전신갑주 전신갑주 입고	C	20
주님의 사랑으로	C	21
주를 향한 열정이	C	22
지혜로운 성도는	C	23
지혜로운 자는	C	24
천국을 향해	C	25
포도나무 되신	C	26
하나님의 놀라운 사랑	C	27
하나님이 내게 주신	C	28

D

날 받으소서	D	29
많은 사람들 상처에	D	30
생수의 강 흘러 넘쳐	D	31
성령을 받은	D	32
성령의 충만함	D	33
열매맺는 삶 살아가세	D	34
우리의 인생에	D	35
위의 것을 바라보며	D	36
일분일초 일분일초	D	37
주를 믿는 자는	D	38
찬양 우리의 모든 것	D	39
하나님이 찾으시는	D	40
할렐루야 주께 영광	D	41

Bm

거칠게 불어오는	Bm	42
고단한 인생길	Bm	43
괴로운 인생	Bm	44
깊은 내면의 상처와	Bm	45
나의 앞길이	Bm	46
내 형제들아	Bm	47
마음을 치료	Bm	48
상처로 가득한	Bm	49
어두운 인생길에	Bm	50
어둠 속을 헤치고	Bm	51
온 세상이 어둠에	Bm	52
우리의 무의식에	Bm	53
우리의 영혼을	Bm	54
캄캄한 어둠이 드리우고	Bm	55

Eb

나는 사랑의 주를	Eb	56
나의 사랑 나의 주님	Eb	57
나의 영혼이 잠잠히	Eb	58
모든 사람이	Eb	59
성령님 내게 다가와	Eb	60
성령의 폭발적인	Eb	61
세상 살아가는 사람	Eb	62
십자가는 역전의 능력	Eb	63
여호와께서	Eb	64
우리에게 힘이 있을 때	Eb	65
하나님의 능하신 손	Eb	66

Cm

교만은 패망의 선봉이요	Cm	67
내가 괴로워 울고	Cm	68
두 마음의 싸움에서	Cm	69
십자가로 보이신	Cm	70
십자가에 달리신	Cm	71
십자가의 능력이	Cm	72
아무런 감정 없이	Cm	73
어둠 속에 함몰되어	Cm	74
영적게으름	Cm	75
오랜 세월 죄의 짐에	Cm	76
우리 모두 고도의	Cm	77
우리의 인생을 강건케	Cm	78
주님의 손길이	Cm	79
주님의 은혜	Cm	80
지치고 상한	Cm	81
행복하다 생각했지만	Cm	82

F

내 영혼에서 흘러넘치는	F	83
능력의 비결	F	84
마음이 성결한 자는	F	85
물결처럼 흐르는	F	86
생각을 공격하는	F	87
성령의 불로 다가와	F	88
성령의 불로 임하사	F	89
성령의 불을 붙이세	F	90
영적전쟁에서	F	91
우리의 인생길	F	92
십자가에서 흘리신	F	93
주님 가신 길	F	94
주를 찬양하라	F	95
주의 사랑에	F	96
지혜로운 사람은	F	97
진리 안에 자유	F	98

Contents

Dm

두려움과 아픔에 놓인 Dm 99
사랑의 주님이 Dm 100
성령의 바람 Dm 101
성령의 인도를 받는 Dm 102
세상에 가득히 Dm 103
세상을 바라보며 Dm 104
아무리 몸부림쳐도 Dm 105
이전 것은 지나갔으니 Dm 106
자비로운 손길로 Dm 107
자비와 은혜로 Dm 108
주 안에 있는 우리는 Dm 109

G

감사하세 G 110
내가 여호와를 G 111
높고 높은 하늘을 향해 G 112
높고 크신 주님의 G 113
눈부신 빛으로 G 114
다시 오실 예수 그리스도 G 115
마음에 피어난 G 116
사랑의 불 오 오 G 117
사랑이 무엇인지 G 118
새벽이슬 같은 G 119
예수님이 세상을 G 120
우리에게 소망을 G 121
육의 힘으로 G 122
죄의 무게에 G 123
주님 앞에 나아가는 G 124
주님의 능력 G 125
주님의 위대하심을 G 126
주님의 은혜가 G 127
주를 향한 감사의 노래 G 128
주의 사랑 안에 G 129
주의 품에 G 130
하나님의 사랑 G 131
하나님의 사랑이 G 132
하나님 사랑의 G 133
하나님의 영광이 G 134
헤아릴 수 없는 G 135

A

나의 목자 되신 A 136
너희는 여호와의 A 138
당신은 사명을 A 139
복을 주시기 원하네 A 140
불을 부으소서 A 141
살짝쿵 A 142
성령의 불 A 143
성령의 불을 받아 A 144
악하고 험한 A 145
열매를 찾으시는 A 146
우리의 인생을 운행 A 147
주님께 뿌리내리세 A 148
주를 찾는 A 149
참된 믿음 A 137
천국을 향해 나아가는 A 150
하나님을 가까이 A 151
하나님을 찬양하라 A 152

F#m

고난의 밤에도 F#m 153
고통스럽게 F#m 154
꿈길을 걸어 F#m 155
고난이 유익이라네 F#m 156
내 영혼에 어둠의 F#m 157
내 힘과 생각으로 F#m 158
내가 맞다 생각한 나 F#m 159
보혈로 맺어진 F#m 160
상처 입은 마음에 F#m 161
상처에 갇혀 F#m 162
십자가의 능력을 F#m 163
여기저기 부딪치는 F#m 164
외롭고 곤고한 F#m 165
주님의 자비와 F#m 166
하늘에서 맑은 물을 F#m 167
해결할 수 없는 F#m 168

Bb

길이요 진리요 생명되신 Bb 169
사랑의 나의 주님 Bb 170
성령님 내게 Bb 171
아무도 모르는 Bb 172
영광스런 저 천국 Bb 173
예수님 나의 영혼 Bb 174
주 안에서 항상 Bb 175
준비합시다 Bb 176
참된 그리스도인은 Bb 177
하나님의 능력의 Bb 178

Gm

견딜 수 없는 Gm 179
곤고한 내 영혼 Gm 180
내 영혼 깊은 곳에 Gm 181
너희가 이제 Gm 182
무너진 마음으로 Gm 183
아무것도 할 수 없이 Gm 184
어둠 속에 갇혀 Gm 185
주님의 은혜 Gm 186
좁은 길 생명의 길 Gm 187
죄의 자리에 Gm 188
하나님은 우리의 Gm 189
하나님의 능력의 손이 Gm 190

Contents

내적치유

거칠게 불어오는 Bm 42
견딜 수 없는 Gm 179
고단한 인생길 Bm 43
고통스럽게 F#m 154
곤고한 내 영혼 Gm 180
괴로운 인생 Bm 44
깊은 내면의 상처와 Bm 45
나의 앞길이 Bm 46
내가 괴로워 울고 Cm 68
내 영혼 깊은 곳에 Gm 181
내 힘과 생각으로 F#m 158
두려움과 아픔에 놓인 Dm 99
마음을 치료 Bm 48
무너진 마음으로 Gm 183
상처로 가득한 Bm 49
상처에 갇혀 F#m 162
아무런 감정 없이 Cm 73
어두운 인생길에 Bm 50
어둠 속에 갇혀 Gm 185
어둠 속에 함몰되어 Cm 74
여기저기 부딪치는 F#m 164
외롭고 곤고한 F#m 165
죄의 무게에 G 123
지치고 상한 Cm 81
해결할 수 없는 F#m 168
행복하다 생각했지만 Cm 82

감사절

감사하세 G 110

보혈

보혈로 맺어진 F#m 160

사랑

사랑의 불 오 오 G 117
사랑의 주님이 Dm 100

살짝쿵 A 142
하나님의 사랑 G 131
헤아릴 수 없는 G 135

성령

불을 부으소서 A 141
새벽이슬 같은 G 119
성령님 내게 Bb 171
성령님 내게 다가와 Eb 60
성령의 바람 Dm 101
성령의 불 A 143
성령의 불로 다가와 F 88
성령의 불로 임하사 F 89
성령의 불을 받아 A 144
성령의 불을 붙이세 F 90
성령의 인도를 받는 Dm 102
성령의 충만함 D 33
성령의 폭발적인 Eb 61

십자가

십자가는 역전의 능력 Eb 63
십자가에 달리신 Cm 71
십자가에서 흘리신 F 93
십자가의 능력을 F#m 163
십자가의 능력이 Cm 72

영적전쟁

교만은 패망의 선봉이요 Cm 67
생각을 공격하는 F 87
영적전쟁에서 F 91

임재

하나님 사랑의 G 133

전도

마음이 성결한 자는 F 85
멈출 수 없네 C 15
사랑으로 세상을 C 7
사랑이 무엇인지 G 118
지혜로운 자는 C 24
하나님의 놀라운 사랑 C 27

찬양

나는 사랑의 주를 Eb 56
주를 찬양하라 F 95
찬양 우리의 모든 것 D 39

사순절

십자가로 보이신 Cm 70

부활

영광스런 부활의 아침 C 10

가슴 벅차게 1

C
남자

작사 & 작곡 이순희

♩= 70
C C/E G F G G/B
가슴 벅 차게 다가 온 주님 의 크신 - 은 혜
감사 와 기쁨 넘치 네 그사 랑 에감격 하 여
C G/B C G/B F/A G/B 1.C 2.C
말로 다 표현 - 할길 없어 감사 의 - 눈물만 흐르 네 네
말로 형 용할수 없는 은혜 하염 없이 눈물만 흐르 네 네
G Am G G/B
영 원 히 영원히 죽 을수밖에없 는
G Am G G/B
이 죄 인 위하여 십 자 가 를 지 셨 네
C Dm G/B Dm G
내영혼에다가와 속삭이시네 내가너의모든 죄 를
C Dm G/B C
보혈로대속했으니 너는자유해 내 가너를구 원했 으 니
C C/E G F G G/B
주의 따 뜻한 음성 이 나를 깨 닫게하 시 네
C G/B C G/B C
주의 끝 없는 사 - 랑에 가슴 벅차 눈물만 흐르 네

2 강력한 치료의 빛

작사 & 작곡 이순희

♩= 90
C F/A G/B C C/E F G G/B
강 력한치료의 빛 내영혼에비 치 니
C F/A C C/E G G/B C C/E
묶 였던내영혼 에 참된자유임 하 네
Fine
G G/B C C/E F G
완전한치유는 완전한자유만드 네 완전한자 유
G G/B C C/E F G C
성령의능력은 속사람강건케하 네 강건케 - 해
C Dm C/E F G G/B
공 의로 운 태양이 신 예 수그리스 도
C Dm C/E F G G/B C
치 료의 광선 비 - 추 사 모 든문제해결 하 시 네
D.C

깨닫는 것이 은혜라네 3

작사 & 작곡 이순희

♩= 90
C F/A C/G G F G G/B C
깨 닫는것이 은혜라 네 깨 닫는것이 축복이라네
5 C Dm C/E F C/E Dm G/B
인 생의문제는 깨달음의문제 깨달음의문제라 네
9 C Dm C/E F C/E Dm G/B C C/E
성 령이임하시면 깨 - 닫게되네 모든것을알게되 네
13 G F C/E Dm G/B
주 님의 크신사랑을 깨 닫게 되 네
17 G F G G/B C
주 님의 진리의말씀 깨 닫게 되 네
21 C F/A C/G F G G/B
마 음의눈이 열 리 네 영 의귀가 열리 네
25 C F/A C/G F G C
주님예비하신 축 - 복 받 아 누 리 리

4 끝없이 흐르는

작사 & 작곡 이순희

♩=90
끝없이 흐르는 성령의생수 모든죄 깨끗케 씻어주시네
끝없이 흐르는 성령의생수 내영혼 충만케 채워주시네
Fine
말 로다 표현못할 주 님의은 혜
감 사의꽃 피 - 어 나 흐 르는눈 물
나 이 제 만 족 해 나 이 제 평 안 해
나 이 제 기 뻐 해 진 리 안 에 자 유 해
D.C

목소리 높여

5

C
남자

작사 & 작곡 이순희
♩=90
C G/B C Dm G/B
목 소리높여 주를찬양해 사 랑의주 찬양 해
5 C G/B F/A G/B C C/E
온 세상위에 주의이름을 높 여 - 찬양하 라
9 G C/E F C/E F G
주를 향한 사랑의노래 울 려퍼 지 네
13 G C/E F C/E F G G/B C C/E
하늘 과땅 온 세상에 차 고넘 치 네
17 G F Dm G/B
주 님의 은 혜가 내 맘 가 득 해
21 G F Dm G/B C C/G
주 님의 위대 하심 온 세상 전하 네
25 C G/B C Dm G/B
주 님의권능 우릴감싸네 권 능의주 찬양 해
29 C G/B F/A G/B C
온 세 상이 주 알도록 주 찬 - 양 하 라

6 분별의 빛 비추시는

작사 & 작곡 이순희

♩= 100
C C/E F C/E Dm Dm/F G G/B
분 별의 빛 비추 시는 예 수그리 스 도
능 력의 빛 비추 시는 예 수그리 스 도
5 C C/E F C/E Dm G/B C
갈 길몰 라 헤매 이는 내인생인도하시 네
어 둔바 다 가운 데에 빠진자건 - 지시 네
9 G F G F G
사 랑의빛 비 추시는 예 수그리 스 도
13 G F G F G C
외 롭고 곤 고한영혼 깨 워주 시 네
17 C Dm G/B C Dm G/B
강력한빛 비추시는 예 수그리 스 도
21 C Dm G/B F G G/B C
그빛앞에 나아가는자의 영 혼깨우 시 네
25 C C/E F C/E Dm Dm/F G G/B
나 의영 혼 깨우 는빛 예 수그리 스 도
29 C C/E F C/E Dm G/B C
그 빛안 에 거 - 하여 치유받고변화되리 라

사랑으로 세상을

작사 & 작곡 이순희

♩= 90
사랑으로세상을 변화시키는 주님의 동역자로 살아가리라
사랑의 줄에매여 복음전하는 주님의 동역자로 살아가리라
영 원토 록 변함없는 주 의사랑본받 아
조 건없 는 사랑으로 주 의복음전하 리
담 대하 게 전진하 세 사 명향 해 달려가 세
갈길몰라 길을 잃고헤매는영혼 복음듣고기뻐하며 돌 - 아오네
하늘에서 천국 잔치열리는듯해 내영혼기뻐뛰며 노래부르네
주님기뻐하시네 기뻐하시네 죽어가는영혼주께 돌아오 - 네
예수님 기 뻐춤을 추시는듯해 하늘나라확장되기 에

8 샘 곁에 머무는 나무가

작사 & 작곡 이순희

♩= 90
샘 곁에머무는 나무 가 무성 하게자라담 장을넘듯이
샘 곁에머무는 성도 는 무성 한열매맺어 담장을넘네
우 리모두 샘 곁에심겨 튼 실한열매 맺 어
십 자가의 복 음전하며 축 복의통로 되 세
고 - 달프고 목 마른사람들 샘 곁으로 나아 오 시 오
마 - 르지않 는 샘을공급하시 는 주의품 안에 안기세 요
세 상이모르는 기 쁨 과 평강 과사 - 랑과 만족누리며
담 장을넘는축 복 으 로 축복 의통로되어 열매맺으리

세상이 감당 못할 9

작사 & 작곡 이순희

♩= 80
세 상이감당못 할 믿 음의 소유자들 열정을소유하 여
활 력이넘치는 삶 살 아가 네 열정가지 고
Fine.
열정적인 태도로 세상풍조 역행하고 열정적인 순종으 로
하나님마음감동시키 고 열정적인 충성으로 영혼살리 네
열 정적인 충성 으로 공 동체를이끌 어
열 정적인 예 - 배로 부 흥의불붙이 네
열 정을깨우는믿 음 뜨 겁게 만드는 믿음을소유하 여
한 계가없는인 생 불 가능 이 없는인생사 네
D.C

10 영광스런 부활의 아침

부활

작사 & 작곡 이순희
♩= 90
영광스런부활의아 침 기뻐하며찬양하 세
모든죄와어둠이기 고 다시사신우리예수 님
우 릴위 해 십자가에서 모진고통당하시고 다시사신주
우 리의 모든 죄와허물을 십자가에못박으셨 네
예 수 그리스 도 나 의 주
예 수 그리스 도 나 의 주
영광스런부활의아 침 기뻐하며찬양하 세
부활의 기쁨전하 세 주의사랑전 - 하 - 세

예수 안에 있는 인생 11

작사 & 작곡 이순희

♩= 78

C C/E F C/E F G

예수 안 에있는인생 은 가 장 행 복한 인 생

5 C C/E F C/E F G C

예수 안 에있는인생 은 세상의 모 든문제초월하 네 (예수)

10 C G/B C F/A G F G G/B

연약한자라도 예수의지하면 강한인생살게되 고

14 C G/B C F/A G F G C C/E

비천한자라도 예수의지하면 고귀한인생살아가 네

18 G Dm/F F G C/E F G

행 - 복한 인생의 비 결 예수안에 거하는 것

22 G Dm/F F C/E G G/B C

예 - 수안에 거하는 자 의와 평강희락 넘쳐나 네

26 C C/E F C/E F G

어떤 풍 랑이 - 닥쳐 도 흔 들 리 지않 - 는

31 C C/E F C/E F G C

강건 한 내면소유하 여 진리안에 자 유하며살아가 네

12 예수님의 은혜

작사 & 작곡 이순희

♩= 80
C C/E F C/E F G G/B
예 수 님의 은 혜 끝 이 없 다 네
5 C C/E F G G/B C
하 늘 보 다 높 고 바 다 보 다 깊 네
9 G F G F G
저 높은 곳 으 로 주 계 신 곳 으 로
13 G F G F G C
저 깊은 곳 으 로 은 혜 의 바 다 로
17 F G F G
달 - 려 나 가 리 주 님 의 품 으 로
21 F G G G/B C
달 - 려 나 가 리 천 성 을 향 하 여

우리는 걸어가네

13

C
남자

작사 & 작곡 이순희

♩= 90
Fine
우리는걸어가네 주님계신곳으로 우리는달려가네 주님계신곳으로
나 의 마 음 달 려 가 네 주 님 계 신 곳 으 로
나 의 마 음 달 려 가 네 주 님 계 신 곳 으 로
나 의 마 음 주 만 바 라 보 네
주 가 주 실 상 급 바 라 보 며
나를향한 주님의 크신사랑에 두려움 사라지고 평안가득해
나를향한 주님의 크신사랑에 모든염려버리 고 달려나가리
D.C

14 완전한 승리

작사 & 작곡 이순희

♩=96
Fine
완전 한승리 예수 께있네 영원 한승리 예수 께있네
믿 음으로 무장 하여 예 수바라보는 자
부 족함을 뛰어넘어 - 승 리하 겠 네
소 망으로 무장 하여 성령충만구하는 자
절 망을 뛰어넘어 - 승 리하 리 라
우리모두 믿음 소망 사랑 으 로 무장 하 여
영 원한 승리 향해 전진 또 전 진합 시 다
상 -황과 환경이 막 혀 있 어 도
주 -를바 라보며 뚫 고 나 가 리

37
C C/E F G F G
완 전하신 승리 의주 의 지하 는- 자
41
G C/E F G G/B C
영 광스런 승리의찬송 부 르게 되 리
D.C

전도

멈출 수 없네 15

작사 & 작곡 이순희

♩= 90
C F/A G F C/E G F G G/B
멈출수 없네 영혼향한- 나 의발 걸 음
5
C F/A G F C/E G G/B C C/E
멈출수 없네 주를향한- 나 의열 정 을
Fine
9
G G/B C F/A G
죽 어가는영혼 살 리기위한 불 타는 열 정
13
G G/B C F/A G/B C
주 의선한뜻을 이루기위한 뜨 거운 열 정
D.C

16 우리의 인생을 주관

작사 & 작곡 이순희

♩= 78
C C/E F G
우 리 의 - 인 생 을 주 관 하 시 는 성 령 님
5 G/B C C/E 1 F G C 2 F G C
온 전 한 - 성 령 의 인 도 따 라 살 아 가 리 라 살 아 가 리 라
12 C C/E F G
성 령 께 인 생 의 주 권 을 내 어 드 릴 때
17 C/E G C/E F G G/B C C/G
하 늘 에 속 한 인 생 행 복 한 삶 시 작 된 다 네
22 C Dm C/E C Dm C/E F G
나를내려놓는자 만족함누리고 나를포기하는자 참자유누리네
26 C Dm C/E C Dm G/B C
욕심내려놓을때 부요함임하고 이기심 버릴때 참행복누리네
30 C C/E F G
나는 오 - 직성령 의 인도 따 라 살 리 라
35 G/B C C/E F G C
이땅 에 - 살아도 천 국에 속한 삶 을 살 리 라

인생의 참된 행복은 17

작사 & 작곡 이순희
인 생의 참된 행 복은 하나 님께 있 네
세 상많 은 사 람들 행복 찾아 헤매 이지 만
하나 님을 알지 못해 행 복 할수 없 네
헛된 행복 구할 수록 더 욱 허무해지 네
하 나님을- 찾지 못해 방황 하며 사 네
하 나님이- 없는 인생 행복 할수 없 네
모든욕심내려놓 고 주를바라보리 라
마음과힘과뜻다 해 사랑의주 찾으 리
하 나님 을 찾 는자 마침 내행복찾 아
참 기쁨 과 참 만족 넘치 는인 생살 게되 리

18 자비와 은혜가

작사 & 작곡 이순희

♩= 100
C G/B Am7 Dm G/B
자 비와은 혜 가 우 리를감 싸 며
5 C G/B Am7 Dm G/B C C/E
예 수의사 랑 이 우 리를이 끄 네
9 G F C/E G F G F C/E G
주님과동행하는 우리의손이 세상을치유하고 회복시키네
13 G F C/E G F G F G C/E
소외된이웃에게 주사랑으로 섬김과나눔을 실천 하며
17 C G/B Am7 Dm G/B
영원토록주 님 을 찬 양하며 사 네
21 C G/B Am7 Dm G/B C
영원토록주 님 을 높 이 - 며 사 네

전신갑주 입고

작사 & 작곡 이순희

♩= 90
C G/B C G/B F/A G/B C
전 신갑주입고 전진하라 전 신갑주입고 전진하라
5 C G/B C Dm C/E G C/E F C/G G
오 직너 하나 님의사람아 전 신갑주입고 전진하라
9 C Dm G/B C Dm G/B C C/E
모든죄 피하고 악한 영물리치는 군 사되어 라 -
13 G C/E C Dm G/B C G/B
의와경건 믿음과 사랑과 인내와 온 유따 르 며
겸손과 - 순종과 화평과 절제와 말 씀따 르 며
17 C Dm G/B C Dm G/B C
믿음의선한싸움 싸우 라 믿음의선한싸움 싸우 라
21 C G/B C Dm C/E G C/E F C/G G
하 나님 의 병사된자여 믿음의선한싸움 싸우 라
25 C Dm G/B C Dm G/B C
전 - 진 하 - 고 하나 님의 - 나라 확 장시켜 라 -

전신갑주 전신갑주 입고

엡 6:13-18

작사 & 작곡 이순희

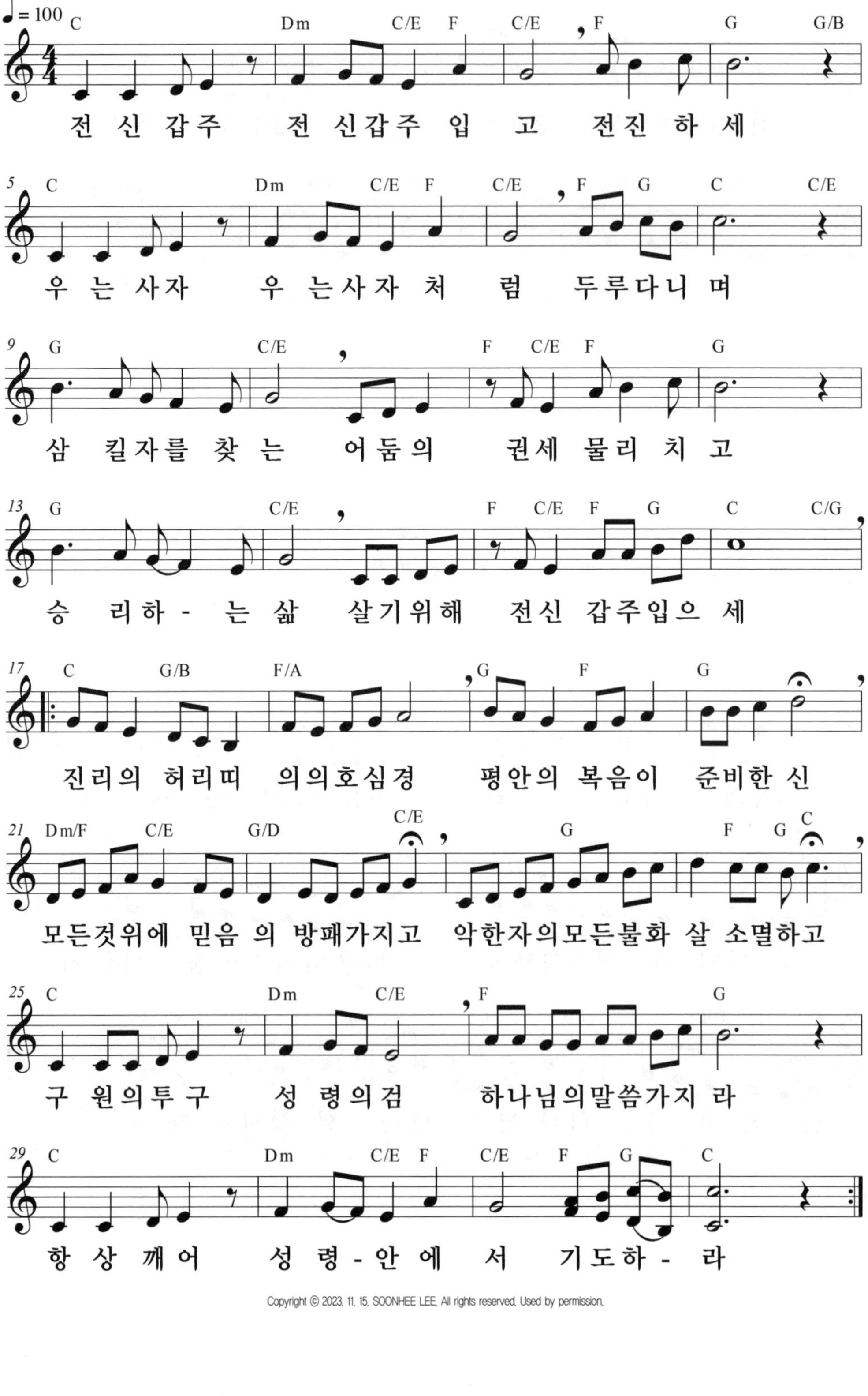

♩= 100

전 신 갑 주 전 신 갑 주 입 고 전 진 하 세

5 우 는 사 자 우 는 사 자 처 럼 두 루 다 니 며

9 삼 킬 자 를 찾 는 어 둠 의 권 세 물 리 치 고

13 승 리 하 - 는 삶 살 기 위 해 전 신 갑 주 입 으 세

17 진 리 의 허 리 띠 의 의 호 심 경 평 안 의 복 음 이 준 비 한 신

21 모 든 것 위 에 믿 음 의 방 패 가 지 고 악 한 자 의 모 든 불 화 살 소 멸 하 고

25 구 원 의 투 구 성 령 의 검 하 나 님 의 말 씀 가 지 라

29 항 상 깨 어 성 령 - 안 에 서 기 도 하 - 라

주님의 사랑으로

작사 & 작곡 이순희

♩= 100
C F/A C/G Dm/F F G G/B
주님의사랑으 로 하나된우리모 두
5 C F/A C/G Dm G/B C C/E
다같이함께모 여 주님께찬양드리 세
9 G F G F G
놀 라운주의사 랑 노 래 하 면 서
13 G F G F G C C/E
마 음문열고주 께 감 사 - 드 리 세
17 G G/B C F/A G
우 리 를 품어주신 끝 없는사 랑
21 G G/B C F/A G/B C
영 원 히 변치않는 주 님의 은 혜
25 C F/A G/B Dm F G G/B
주님의사랑에 빛진자되어 세상에주의사랑 나타내세
29 C F/A G/B Dm G/B C
우리모두하나되어 손에손잡고 주의사랑전파하 세

22 주를 향한 열정이

작사 & 작곡 이순희
♩= 90
주를향한 열정 이 나 를이끄 시 네
나의마음 뜨겁 게 불 타오 - 르 네
주 의사 랑 내 마 음 감 싸주 시 네
나 의삶 에 새 로 운 의 미를 주 네
열정의불꽃이 하늘에타올라 주를향한나의 노래퍼지네
열정의불꽃이 하늘에타올라 나오직주위해 살아가리라
주의사랑 찬양하 며 영 광돌 - 리 네
주의사랑 찬양하 며 기 뻐춤을 추 네

지혜로운 성도는

23

C
남자

작사 & 작곡 이순희
♩=90
지혜 로운 성도 는 시간 을아껴 쓰 네
지혜 로운 성도 는 주의 뜻이루며사 네
안일함과나태함 깨뜨리고 죽은 영혼 살리는삶을사 네
두려움과연약함 뛰어넘고 교회를 세우는 삶을살아가 네
담 대하 게 전진하 세 사 명향 해 달려가 세
찬 양하 며 달려가 세 기 뻐뛰 며 비상하 세
세상 이감 당못 할 믿음 과열정 으 로
주신 사명 이루 며 담대 하게살아가 세

24 지혜로운 자는

전도

단 12:3, 약 5:19-20

작사 & 작곡 이순희

지혜로 운자 는 궁창의 빛과같이빛날것이 요
많은사 람을 옳은데 - 로 돌아오게한 자 는
별 과같 이 영원토 록 빛 나리 로 다
미혹되어진리를 떠난 자 돌아서게 하 면
그의영혼사망에서 구원하시고 허다한죄덮으시 네
우리모 두주 의 복음전 하며주의뜻 - 이루 세
성령의 인도 받아살면서 많은열매맺 으 세

천국을 향해

25

C
남자

작사 & 작곡 이순희
♩= 80
천 국을향 해 - 달려나가세 주님예비하신집으 로
육 신의장 막집 벗은후에는 하나님이지으신집 들어가 네
Fine.
눈 물없는곳 슬픔없는곳 사 망이없 는 곳
아 픔없는곳 고통없는곳 천 국을준비하 네
불타지않는인격 의 공적으로 찬송과예배의 공적으 로
영혼구원으로 천국의지경을 넓히는공적쌓으 세
D.C

26

포도나무 되신

작사 & 작곡 이순희
♩=90
포도나무되신 나의주님께 붙어있어열매맺으 리
포도나무되신 나의주님과 동행하여열매맺으 리
참 포도나무 되신주님께 선한열매맺어드리 리
나무되신주님께 붙어있는가지는 저절로열 매맺 네
나 이 제 선한열 매 맺 기 위 하 여
주 님 만 의 지 하 여 열 매 맺 으 리
열매맺게하시려 가지치기하시는 주 - 님께순종하 여
모든착함의로움 진실함의열매 빛의열매맺어드리 리

전도

하나님의 놀라운 사랑 27

작사 & 작곡 이순희

♩=72
C G/B C Dm G/B
하 나님의 놀라 운사랑 나와 함께하시 네
5 C G/B C G/B C Dm G/B C C/E
지 금의내가나 된 것 은 하나 님의은혜 라
9 G C/E G F G
하 -나님의 놀라운손길 나를어루만지시 네
13 G C/E G F G C
나 -를사랑 하시는주의 크신사랑힘 입 어
17 C Dm G/B F/A G G/B
십자가의복음 전하며사네 온힘 다 하 여
21 C Dm G/B F/A G/B C
땅끝까지복음 전하며사네 생명 다 하 여
25 C G/B C Dm G/B
주 의사랑 나를 강권해 열매 맺게하시 네
29 C G/B C Dm G/B C
오 늘도주의복 음 들 고 영혼 살리러가 네

28 하나님이 내게 주신

작사 & 작곡 이순희

♩= 76
C C/E F C/E F G F G
하나님이내게주신 비전은 - 나의삶에열정을 - 더하고 -
하나님이내게주신 비전은 - 거룩한긴장과 - 겸 손으로 -
C C/E Dm G/B C 1. C 2. F/G G
내마음에소망이 넘 쳐 나게하 네 - -
내일을준비하며 살 아 가게하 네 - -
F C/E F G F G
하나 님이내게주신 비전 따라살아가니 좌로나우로나치우치지않 네
F C/E F G F G C
하나 님이내게주신 비전 따라살아가니 어떤 장애물도뚫고사 네
G C/E G F C/E F G
나이 제 의심과 - 나태 함을극복하여 승리 하며 살아가 네
C G/B Am F C/E Dm G/B C
주님 주 신 비전품고 힘 차 게 달려 나 - 가 리

날 받으소서

작사 & 작곡 이순희

= 84
D G/B D/A G A A/C♯ D
날 받으소 서 날 받으 소 서
5 G A G D/F♯ Em D D/F♯ G
날받으소서 날받으소서 내게무슨악 한 행 위 악한행위있 나 보 시 고
9 G A G D/F♯ Em A A/C♯ D
영원한길로 생명의길로 정결한길로 의로운길로 나를인도하 소 서
13 Bm A G D/F♯ G A
내 게 무 슨 악 한 행 위 있 나 보 시 고
17 G A G D/F♯ G A D
영 원 한 길 생 명 의 길 로 인 도 하 소 서

D — 남자

30 많은 사람들 상처에

작사 & 작곡 이순희
♩= 82
많 은사람들 상 처에 사로잡 혀 고통속에 살아가 네
외 로움-과 소외감에 사로잡 혀 고독하게 살아가 네
세상 의헛 된 행복찾아- 허망한 것을좇 네
온갖 쾌락 좇아 보지 만- 남는것은 곤고한 영 혼뿐
우 리모 두 어둠가운 데 헤매는 영혼 들에게-
주 의말 씀 복-음의 씨 뿌려주의복음 전 하 세
복음의 능력을 덧 입 고 사랑이 식어진곳 에 사랑을
지치고 굳어진 마 음 을 녹이고 병든마음 치료하 세
주 의사랑으로 상 처를 치료받 고 주의복음 전-하 네
세 상헛된것 좇아가는 사람들 을 주님께로 인도하 네

생수의 강 흘러 넘쳐 31

작사 & 작곡 이순희
♩= 80
생 수의 강 흘러넘쳐 정 결한영혼으로 변화되네
백 합화 처럼 순결하고 소나무 처럼 소생시키는 곳 OO교회
외 롭고 갈길 몰라방황 하는영 혼들의 샘터 영혼의 쉼터
날 마다소 생의 역사 - 기적의역 사 일어 나 네
날 마다우리영혼 에서 - 생수의강 흘 러넘 치 네
소망없이곤고하 고 지친자 외로운자괴로운 자
깊은수렁에빠져 있는자 - 들 새날을맞이하는 곳
기 적의 현장 변화의 현장 치 료의 현장 OO교회
성 령으 로 - 연단받은 강한용 사가세워지는 OO교 회

32 성령을 받은

작사 & 작곡 이순희
♩= 82
D A/C♯ D G/B D Em A
성 령을받은 - 우리의 삶 놀라운 변화가 생 기 네
D A/C♯ D G/B A D D/F♯
생 각과언어 - 태도와 행동 - 모든것이변화되 네
G D/F♯ A G A
아 무리 완악 한 사람이라 도 온유한자 로
G D/F♯ A G A
아 무리 연약 한 사람이라 도 담대한자 로
G D/F♯ G A A/C♯ D
무 지한 자라 도 지혜로운 자로 - 변화된다 네
D A/C♯ D G/B D Em A
성 령을받은 - 우리의 삶 놀라운 변화가 생 기 네
D A/C♯ D G/B A A/C♯ D
생 각과언어 - 태도와 행동 - 모든것이변화되 네

성령의 충만함

작사 & 작곡 이순희

♩= 76
D D/F# G A D/F# G D/F#
성 령의충 만 함 충만받을 때 우리의인 생
D D/F# G A D/F# A A/C# D D/F#
감 사와기 쁨 과 평안넘치 네 찬양샘솟 네
Fine.
G A D/F# G A A/C# D
성령 의충 만 함 받을때 차고넘치네 우리의인생
G A G A A/C# D
창조 적인 인 생 풍요로 운 인생살게되 네
D D/F# G A D/F# G A A/C#
성 령의능 력 은 환 경과 상 황을뛰어넘 고
D D/F# G A D/F# A D
성 령의권 능 은 강 력한 죄의결박끊어내 네
D.C

34 열매맺는 삶 살아가세

작사 & 작곡 이순희
♩= 82
열 매맺는삶 살아가세 - 자기를 부인하 고
누구 든지 나를따라오려 거 든 자기를 부인하고
날마 다자 기 십자가를지고 나 를 따르라 말씀 하 시 네
나 를 내려 놓는만 큼 아름답고풍 성 한
영 혼 의 열매맺 네 우리모두내려놓고 열매맺으세
기도의 열매 찬양의 열매 감사의 열매 기쁨의 열매
인격의 열매 회개의 열매 빛 - 의 열매 성실의 열매
사랑의 열매 전도의 열매 선교의 열매맺으 세
구제의 열매 겸손의 열매 헌신의 열매맺으 세
열매 맺는 삶을살기위 - 하 여 자아를 내려 놓고
주만 의지 하여 하나님의기쁨 되 어 주님께 영광 돌리 네

우리의 인생에

35

작사 & 작곡 이순희

♩= 76
D D/F♯ A G A A/C♯
우 리의인 생 에 파도 와 같은문제 닥쳐와 도
5 D D/F♯ A D/F♯ A A/C♯ D D/F♯
예 수를바라보 면 문제 를 초월할 수 - 있 네
9 A D/F♯ G A
우 리의 눈앞 에 거친풍랑일어나 도
13 A D/F♯ G A A/C♯ D
하늘의것 구하 면 문제를 이길수있 네
17 D G/B D A/C♯ D G/B A
영 의눈을뜨 면 그 어떤 장애 물이 있어 도
21 D G/B D A/C♯ D G/B A/C♯ D D/F♯
하 나님의섭리 를 바라보고 담대 히넘 어가 네
25 G A D/F♯ G D/F♯ G A
영의귀가 열리 면 선 명한 주의음성 듣게되 네
29 G A D/F♯ G D/F♯ A A/C♯ D
영의귀가 열리 면 하나님이 예비하신 축복받 네
33 D D/F♯ A G A A/C♯
우 리의인 생 을 통치 하 시는주를 바라보 며
37 D D/F♯ A D/F♯ A A/C♯ D
인 생의환 난 을 이기 는 능력의삶살아가 네

D
남자

36 위의 것을 바라보며

작사 & 작곡 이순희
♩=76
D Em A/C# G/B A/C# D
위 의것을- 바라보-며 성령으로사는인 생
D Em A/C# G/B A A/C# D D/F#
열 린하늘에 뿌리내리고 천국의 소망을품 네
A Bm A/C# D A/C# D D/F#
영 에 속한 인 생 하나님의 말씀대로사는 인 생
A G D/F# A G A A/C# D
주 님 의뜻- 이루기위해 삶의초점사명에 맞추 는삶
D Em A/C# G/B A/C# D
위 의것을- 바라보-며 영에속한삶을 살 리
D Em A/C# G/B A A/C# D D/F#
믿음 과사랑- 능력가지고 주님의 동역자되 리

일분일초 일분일초

37

작사 배지희
작곡 이순희

♩= 90
D D/F♯ G A D/F♯ G G/B D
일분 일초 일분일초가 바빠 일분 일초가 아까 워
D D/F♯ G A D/F♯ G A D
죽어 가는 영혼살리기 위해 복음 전하기 에 바빠
Fine
G A G D/F♯ A D/F♯ G A
일분일초가 바빠 일분 일 초 가 아 까 워
G D/F♯ A D/F♯ G A D
인생 이라는짧은 기회 허비 하 지 않고 주위해 살 리
A G A D/F♯ G A G A
내영혼아 깨 어라 근신하라 주의 복음전하라
A G A D/F♯ G A/C♯ D
내영혼아 주를위해 부지런히 달려 라
온힘다해 복음전해 주님의뜻 이루 리
D.C

D
남자

38 주를 믿는 자는

작사 & 작곡 이순희
♩= 80
주를믿는자는 기도를통해 하늘 문을열 고
하 나 님의 음성을듣는 은혜를누 리 네
주 의뜻 알게하시고 사명을알게하시 는
하 나님의- 강력한음성 듣게 하 시 네
인 -생의 방향을 분 별하게 하 는
하 -나님의 따뜻한 음 성을듣기원하 네
하 나 님의- 음-성-에 귀를 기울이 면
참 된 평안- 기쁨누리며 자유를누 리 네

찬양 우리의 모든 것

작사 & 작곡 이순희

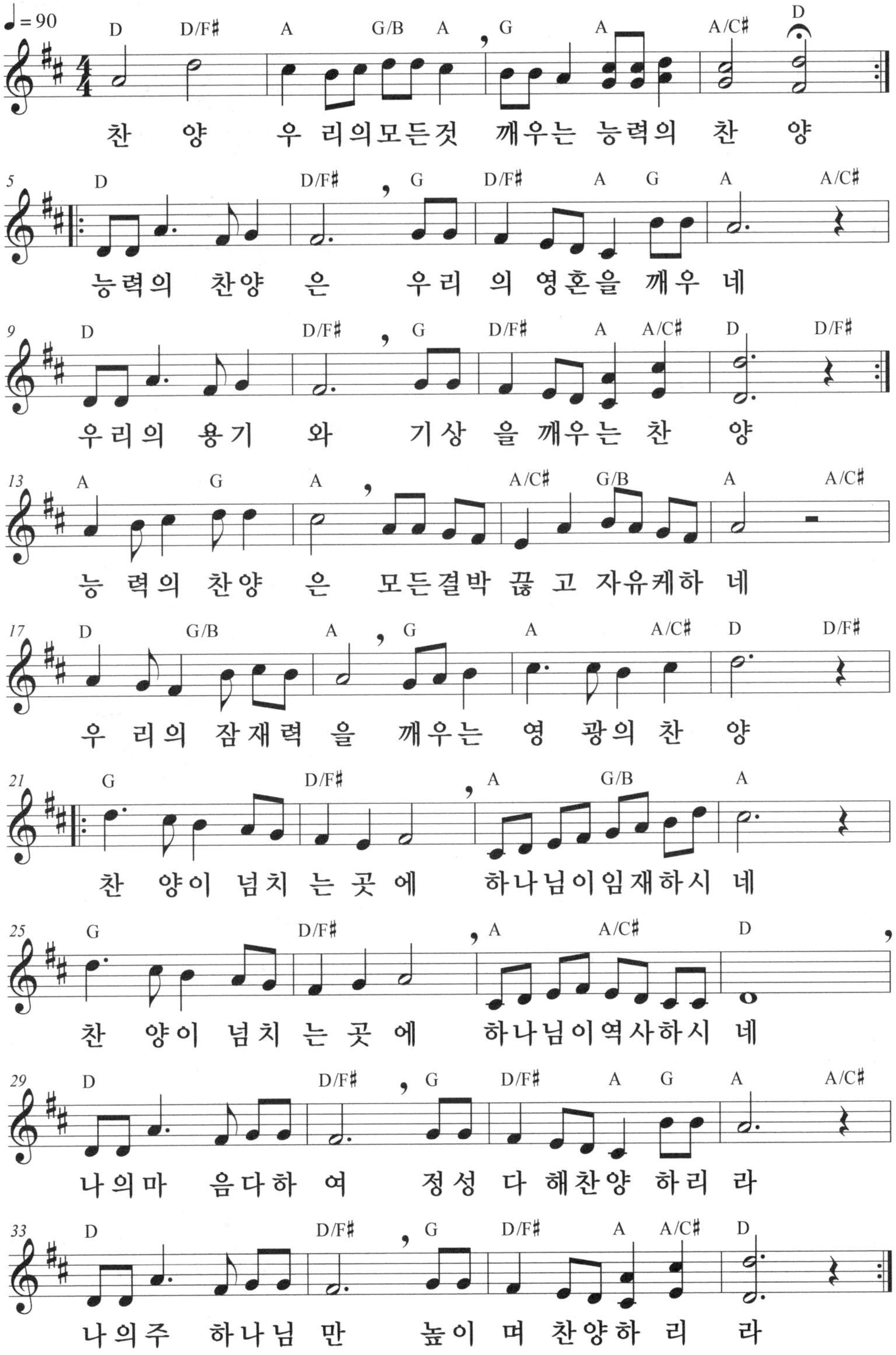
♩= 90
D D/F# A G/B A G A A/C# D
찬 양 우 리의모든것 깨우는 능력의 찬 양
5 D D/F# G D/F# A G A A/C#
능력의 찬양 은 우리 의 영혼을 깨우 네
9 D D/F# G D/F# A A/C# D D/F#
우리의 용기 와 기상 을 깨우는 찬 양
13 A G A A/C# G/B A A/C#
능 력의 찬양 은 모든결박 끊 고 자유케하 네
17 D G/B A G A A/C# D D/F#
우 리의 잠재력 을 깨우는 영 광의 찬 양
21 G D/F# A G/B A
찬 양이 넘치 는 곳 에 하나님이임재하시 네
25 G D/F# A A/C# D
찬 양이 넘치 는 곳 에 하나님이역사하시 네
29 D D/F# G D/F# A G A A/C#
나의마 음다하 여 정성 다 해찬양 하리 라
33 D D/F# G D/F# A A/C# D
나의주 하나님 만 높이 며 찬양하 리 라

40 하나님이 찾으시는

작사 & 작곡 이순희
♩=76
하나 님이 찾으 시는 사람 이 내가되길원 해
하나 님은 어린 아이 같이 순수한자찾으시 네
하 나님은 겸손한자순종하는 자 만들어쓰시 네
하 나님께 쓰임받기원하는 자 겸손하게순종 하 세
하 나 님 께 발견되어 주님쓰시기에 합당한자로
성 령 안 에 연단되어 주님주신사명 감당하 - 세
나는 이제 하나 님이 찾으 시는한 - 사람되 어
나의 생명 나의 열정 다해 충성하며살 - 리 라

할렐루야 주께 영광

41

작사 & 작곡 이순희
♩= 90
D G/B D A/C# D
할렐루야 주께영광 오직 주께 영 광
5 D Em A/C# G/B A
성 령의인도받 아 살 아가는나의 삶
9 D Em A/C# D
결 코정죄함없 네 진리안에자유하 네
13 G D/F# A G A
내 영 혼 깊은곳에서 샘 솟는평안과기 쁨
17 G D/F# A G A D D/F#
그 누구도 빼앗지못해 그무엇과바꿀수없 네
21 A G A D Em G A
육 신은후퇴하 나 속 사람 날로날로새롭게되 네
25 A G A D Em A/C# D
이 평강이 - 기 쁨 이 제는 결코빼앗기지않으 리
29 D Em A/C# G/B A A/C#
오 직주의사랑 이 오 직주의능력 이
33 D Em A/C# D
나 를고쳐주셨 네 나를변화시키셨 네

D
남자

42 거칠게 불어오는

내적치유

작사 & 작곡 이순희
♩= 72
거 칠게 불어오 는 인생의 풍랑 인생의고 - 통
상 처를 더 - 하 는 매섭게 불어닥친고난의파 도
마 - 음의 공허와 외로움 두려움만쌓 여가 네
처 - 절하게 무너져 내릴때 나의주님찾아오셨 네
사랑의주내삶에 빛을비춰주시고 사랑한다말씀하시 네
너는두려워말라 너는놀라지말라 내가너와함께하리 라
나 의주 사랑의 주 나와함 께하 시니두렴없 네
거 친풍 랑가운 데 날지키시 는 - 주를찬양하리 라

고단한 인생길

작사 & 작곡 이순희
♩= 74
고 단 한인생 길 내영혼 피 곤케 하 고
허 무 한인생 길 내마음 곤 고케 하 네
그 때 나의 주님찾아오셔서 내 손붙 드 사
주 의 날개 그늘밑 으 - 로 인 도하 시 네
지치고피곤한영 혼 일으키시는주 님
상하고찢긴영혼 을 어루만져고치시 네
나 이 제주님의 품 에 항 상거 하 리
나 의 만족되 신 주 만 찬 양하 리 라

44 괴로운 인생

내적치유

작사 & 작곡 이순희
♩=68
괴 로운 인 생 내 뜻 대로되지않는인 - 생
날 마다 울 며 답 답 하다외치며살아왔 네
그 -러나 나의주 님 나 를외면치 않으셨 네
사 -랑의 주님을 만났네 나 의삶이변화 되 었 네
나 이제 주 의 말 씀 따라살기원 - 하 - 네
날 마다 주 를 찬 양 하며주 - 위해살 리

내적치유

깊은 내면의 상처와

작사 & 작곡 이순희
♩= 76
깊은 내 면의 상처 와 외로 움 으로 인 해
홀로 세 상에 남겨 져 살아 가 는것 같 네
깊 - 은한숨 과 탄식 소 리만 울릴 때
나 - 의아픔 과 상처 아 시는 주 님
넘치는사 랑과 은혜 부어주시네 나이제상처보다 크신주보네
나이제주 님의 사랑 을깨달았네 나이제새로운인 생살 아가네
주님 의 빛발 하는 삶 빛을 발 하는삶사 네
주님 의 복음 전하 며 복음 전 하며 사 네

D
남자

46 나의 앞길이

내적치유

작사 & 작곡 이순희

♩= 76
Bm Bm/D Em F♯ F♯/A♯ Bm
나의앞길이 보 이 지않아 막 막 함에한숨만쉬 네
5 Bm Bm/D Em F♯ F♯/A♯ Bm
어 둠속을 헤 매 이면서 갈 길 몰라방황을하 네
9 F♯ Bm/D Em F♯ Bm/D F♯ F♯/A♯
나 홀로걸어간다 생각하면서 외로움만키 워갔 네
13 Bm F♯/A♯ Bm Em/G F♯ Em F♯
그 러나 나의 주님 언 제나 나와 함께하시고
17 Bm C♯° F♯/A♯ Bm Bm/D F♯ Bm
한걸 음씩 한걸 음씩 동행하여 주 시 네
21 Bm Bm/D Em F♯ Bm/D Em F♯
주님과함께 걷는인생 길 더 이상 외롭지않아
주님과함께 걷는인생 길 꽃 길로 향기넘치네
25 Bm Bm/D F♯ Bm/D Em F♯ F♯/A♯ Bm
행 복과 감 - 사 가 꽃으로피어나 네
나 의주 나의영 혼 빛으로채우시 네

내 형제들아

약 1:2-4

작사 & 작곡 이순희

♩ = 80
Bm Bm/D C#° F#/A#
내 형제 들 아 너희가 여러가지시 험 을
5 Bm Bm/D Em F# Bm
만 나거 - 든 온전히 기쁘게 여 기 라
9 Bm Bm/D F# F#/A# Bm Bm/D
이 는너희믿음 에 시 련 이 인 내 를
13 Em F# Bm/D Em F# F#/A# Bm
만 들어 내는줄 너 희 가 앎 이 라
17 Bm F#/A# Bm F#/A# Bm Bm/D F#
인 내를온 전히 이 루 라 이 는너 희 로 온전하고
21 G F# Bm/D Bm F#/A# Bm
구비하 여 조금 도 부족함 없 게하려함이 라
25 Bm Bm/D C#° F#/A#
고 난을유익으 로 만드시 는 나의주 님 께
29 Bm Bm/D Em F# Bm
나 의인 생 을 맡기며 찬 양 하 리 라

48 마음을 치료

내적치유

작사 & 작곡 이순희
♩= 80
Bm Bm/D Em Bm/D Em F♯ F♯/A♯
마 음을치료받기 원 하면 마 음을새롭 게 해야 하네
Bm Bm/D Em Bm/D C♯° F♯/A♯ Bm
마 음을고치시는 주 님의 치 료의광선 을 받 기 위해
Bm Em/G F♯ G F♯/A♯ Bm
상 처를 사명 으 로 욕 심을 섬김 으 로
Bm Em/G F♯ G F♯ F♯/A♯
고 집을 순종 으 로 바 꿔 야 하 네
Bm F♯/A♯ G F♯/A♯ Bm
성 - 령의 은 혜 로 마 음을 열 때
Bm F♯/A♯ G F♯/A♯ Bm
주 - 께서 우리 마음 치 료하 시 네
Bm Bm/D Em Bm/D Em F♯
주 의음성 듣고 마음 문열때 주 님내게찾 아 오 - 시네
Bm Bm/D Em Bm/D C♯° F♯/A♯ Bm
주 께서내 안에 주인 되실때 마 음치료받 고 자유누 리네

내적치유

상처로 가득한

작사 & 작곡 이순희

♩= 76
Bm F♯/A♯ Bm Em/G F♯ Bm/D F♯ F♯/A♯
상 - 처 로 가득한 내마음 주 의은혜깨닫지 못 하 네
5 Bm F♯/A♯ Bm Em/G F♯ Bm/D F♯ F♯/A♯ Bm
자 존심 에 갇혀있는내영혼 작은일에상처받고 괴로 워하네
9 Bm F♯/A♯ Bm Bm/D F♯
인 생의한 계 에 부 딪 혀 울 부 짖 을 때
13 Bm F♯/A♯ Bm Bm/D F♯ F♯/A♯ Bm
사 랑의나 의 주 빛으로 다 가오 시 네
17 Bm Em/G Bm F♯/A♯
주의사랑나를감싸 안아주시네 상처로 맺힌눈물 닦아주시네
21 Bm Em/G Bm F♯/A♯ Bm
주의사랑나를감싸 안아주시네 상처로 맺힌눈물 닦아주시네
25 F♯ Bm/D F♯ Em Bm/D F♯
상 - 처 입은 꽃잎이 향기내듯 나이제그리스도의 향 기 로
29 F♯ Bm/D Em F♯ Bm/D F♯ F♯/A♯ Bm
상 - 처 입은 치유자 되 - 어 주의복음전 하며 살 - 리 라

50 어두운 인생길에

내적치유

작사 & 작곡 이순희

♩= 80
Bm F#/A# Bm C#° F#/A#
어두 운인생길 에 빛되 신나의주 님
은혜 의하늘에 서 내리 는빛물처 럼
Bm F#/A# Bm F#/A# Bm
길잃 은우리영혼 에 갈길 을알게하시 네
주님 의놀라운사 랑 내안 에흘러넘치 네
Bm F#/A# Bm Bm/D C#° F#/A#
모든아픔과상처 치유하시 는주 은혜의손길로 나를 감싸네
Bm F#/A# Bm Bm/D C#° F#/A# Bm
은혜의하늘에서 내리는빛물 처럼 놀라운주의사랑 차고 넘치네
Bm F#/A# Bm C#° F#/A#
주님 의충만한은 혜 끝없 는주의사 랑
Bm F#/A# Bm F#/A# Bm
내영 혼깊은곳에 서 찬양 이울려퍼지 네

어둠 속을 헤치고

작사 & 작곡 이순희
♩= 88
어 둠속 을헤치 고 걸어가네 고난 속에서 주 의 빛을찾아
저 하늘 높이 비 상 - 하리 성령 의능력 의 지 하 - 여
환 난속에서도 찬양 하리 보배되신주 - 님을 모 - 시고 -
환 난속에서도 찬양 하리 모든것을합력하여 선을이루시네
곤고하고 힘이들때 주의손 잡고 일어서리
외 - 롭고 낙심될때 내인생 주께맡기 리
주 의사 랑나를 강 권하시니 어떤 환경에 도 해를받지않네
성 령의 능력 날 붙드시니 이땅 에서도 천 국 누리네

52 온 세상이 어둠에

작사 & 작곡 이순희

♩= 80
Bm Bm/D Em F♯ F♯/A♯
온 세 상이 어둠에 잠 겨 있을 때
5 Bm Bm/D F♯ Em F♯ F♯/A♯ Bm Bm/D
우 리 는주의 사랑으로 빛 을 비 추 네
9 Em F♯ Bm/D F♯ G F♯/A♯ Bm Bm/D
이 타 적인마음 으 로 손 을내 밀 며
13 Em F♯ Bm/D F♯ Em F♯ Bm
온 세 상에희망 의 문 열 어 가 네
17 Bm Bm/D Em Bm/D F♯
우 리 의헌 신 - 이 하 늘 에 울 려
21 Bm Bm/D F♯ Em F♯ F♯/A♯ Bm Bm/D
영 원 토록 주의영광 나 타 내 리 라

우리의 무의식에

53

작사 & 작곡 이순희
♩= 80
우 리의 무의식 에 스며들어 인 생을끌고가는상 처
우 리의 생각과 감 정을 병들게 하 는 상 처 는
한 -계로 가득한 삶 갇힌 삶을살게하 네
십 -자가의 능력으 로 상 처를 이용하 는
어 둠의 간계를 깨 닫고 예수의 이름으로승리하 여
진 리안 에자유 한 삶 행복 한 삶 을 살아 가 세

D
남자

54 우리의 영혼을

작사 & 작곡 이순희
♩= 80
우 리의 영혼을 치료 하시는 능력의나의 주 님
우 리의 영혼을 치료 하시는 사랑의나의 주 님
담 대함 속에 숨 겨 둔 두 려운 영 혼
화 려함 속에 감 춰 둔 가 난한 영 혼
친밀함속에가려 진 외 로운 영 혼
열 - 정속에가려 진 게 으른 영 혼
무 의식 속에 감 춰둔상 처 모두다치료하시 네
성 결한 영혼 정 직한영혼으로 날소생시키 시 네

캄캄한 어둠이 드리우고 55

에스더의 고백

작사 박진호
작곡 이순희

♩= 72
캄캄 한 어둠이드리 우고 - 커다 란 수렁이놓여 있네 -
내숨 을 옥죄는많은 대적 - 거대 한 힘으로짓누 르네 -
아 - 무리 둘러보아도 넘어설 힘 내겐 없어 -
간 - 절히 외쳐보아도 날 도울이 전혀 없어 -
그 러나이제는 주만의지하여 기 도하네 주만 바라보네 -
주 님께맡기고 믿음으로나가네 주님내게능력주소 서
죽으 면 - 죽 - 으 리라 - 죽으 면 - 죽 - 으 리라 -
두렴 없 이전 - 진 하며 - 주의 사 명감당하 리라 -

56 나는 사랑의 주를

찬양

작사 & 작곡 이순희
♩=76
Eb Fm Bb/D Eb Ab/C Eb Fm Bb/D Eb Bb/D
나 는 사랑의주를 찬양합니다 나 는 사랑의주를 의지합니다
Eb Fm Bb/D Eb Ab/C Bb Eb Fm Eb/G Bb Bb/D Eb
내 생명되신주님을 날마다찬양하며 주 안의행복누리며 살기원하네
Bb Ab Eb/G Ab Bb
믿 음의 선한싸 움 싸 워승리하 여
Bb Ab Eb/G Ab Bb Bb/D Eb
주 님의 크신사 랑 전 하며살기원하 네
Eb Fm Bb/D Eb Ab/C Eb Fm Bb/D Eb Bb/D
나 는 능력의주를 찬양합니다 내 영혼깊은곳에서 찬양합니다
Eb Fm Bb/D Eb Ab/C Bb Eb Fm Eb/G Bb Bb/D Eb
내생명되신주님을 날마다찬양하며 주안의행복누리며 살기원하네

나의 사랑 나의 주님

작사 & 작곡 이순희
♩= 80
E♭ B♭/D A♭/C B♭ B♭/D
나의 사랑 나의 주님 내려놓으라하시 네
E♭ B♭/D A♭/C E♭ B♭/D E♭ E♭/G
나의 마음 나의 생각 모두버리고 맡 기라하시네
B♭ E♭/G A♭ E♭/G A♭ B♭
나이 제모든것 내려놓고 주 만바라보 네
B♭ E♭/G A♭ E♭/G A♭ B♭ B♭/D E♭ E♭/G
나의 마음과뜻 힘을다해 하나님만사랑하 리
B♭ E♭/G B♭ E♭/G A♭ E♭/G A♭ E♭/G B♭
나의영혼아 깨어일어나 주만 바라보아 라
B♭ E♭/G B♭ E♭/G A♭ E♭/G A♭ E♭/G B♭ B♭/D E♭
나의영혼아 깨어일어나 주만 의지하여 라
E♭ B♭/D A♭/C B♭ B♭/D
나의 사랑 나의 주님 내게평안을주시 네
E♭ B♭/D A♭/C E♭ B♭/D E♭
나의 마음 나의 생각 모두버리고 주 만따라사네

E

남자

58 나의 영혼이 잠잠히

시 62:1-2
작사 & 작곡 이순희
♩= 86
나의 영 혼이 잠 잠 히 하나 님 만바람이 여
나의 구 원이 그에 게 서 나- 오 는도 다 다
Fine
오직 그 만이 나의 반 석 나의 구 원 나의 요새시 니
내 가크게흔들 리 지 아니 하 리 로 다
나의구원과영광 이 하나님께있음이 여
내힘의반석과 피난처도- 하나님께 있도 다
나 -의반 석 나 -의구 원
나 -의요 새 시 니 흔 들리지않 네
D.C

모든 사람이

59

작사 & 작곡 이순희
♩=76
모든 사 람이 죄를 범하였으니 하나님의영광에이르지못하였네
의 인 은 없나니- 하나도없네 인생은누구나죄중에태 어 나
죄가 만 든상처에매일 수밖에 없네 죄의지배아래있는 사람은
영 혼의상처- 육 체의상처- 관 계의 상 처
인 생의상처에 매여 괴롭고 힘든 삶을 산다 네
오직 예 수그 리스 도의십자가 능력만이 모든죄깨끗케 하시고
영혼 육 의질병- 치료하시네 나이제주안에자-유누리 네

E
남자

60 성령님 내게 다가와

성령

작사 & 작곡 이순희

♩= 80
Eb Fm Eb/G Ab Bb Bb/D
성 령님 내게 다가와 나를 감싸 시 네
Eb Fm Eb/G Bb Bb/D Eb Eb/G
성 령님 나를 인도해 열매 맺게 하시 네
Ab Bb Ab Bb Ab/C Bb
친 히 우리의 연약 함을 도와주시는 성 령
Ab Bb Ab Bb Ab/C Bb/D Eb
말 할수없는 탄식 으로 나를위해간구하시 네
Eb Fm Eb/G Ab Bb Bb/D
진 리의 성령 하나님 나를 도우 시 네
Eb Fm Eb/G Bb Bb/D Eb
진 리의 성령 하나님 나를 인도 하시 네

성령의 폭발적인

작사 & 작곡 이순희
성 령 의 폭발적인 크 신 권 - 능 이
뜨 거 운 성령이여 내 게 임하 소 서
내 - 안 의 견고한진 무 너 뜨 리 네
내 모 든 죄 태우시고 사 용 하 소 서
Fine
성 령의 폭발 적 인 크 신 권 능 은
강 력한 죄의 결박 끊어 우 릴 변화시키 네
뜨거운 성령의능 력 죄와상 처 에 빠진영혼깨우 고
뜨거운 성령의능 력 닫힌눈과 귀 열어하나님과 교 제 하게하시네
따뜻 한성령의 능력 상처입은 내영혼치 료하 고
따뜻 한성령의 능력 주의사랑 전하며살게하시 네
D.C

62 세상 살아가는 사람

작사 & 작곡 이순희

♩= 80
세상 살 아가는사 람 육신 의 정욕따라살아 가네
세상 살 아가는사 람 안목 의 정욕따라살아 가네
세상 살 아가는사 람 이생 의 자랑따라살아 가네
그 -러나 육신의 정욕 안목의 정욕 이생의 자랑은
하 -나님께 로부터 온것아니 요 세상으로 부터온것이니
우리모두 세상 줄 내려놓고 진리의말씀안에 거하세
세상의헛 된소 망 내려놓고 진리의말씀에 순종하 세
하나 님 의진리의말 씀 말씀 은 세세토록있 - 도다
말씀 위 에굳게서 리 진리 의 말씀나를자유 케해

십자가는 역전의 능력

63

작사 & 작곡 이순희

♩= 80
E♭ E♭/G B♭ A♭ B♭
십자 가 는역전의능 력 가난 을 부요 함으 로
5 E♭ Fm B♭/D 1. E♭ 2. E♭
고난 을 유익 으 - 로 내삶 을 역전 시키 네 네
11 A♭ E♭/G A♭ E♭/G B♭ A♭ B♭ A♭ E♭/G Fm
아 무리 강한 자 라 도 십자가를모 르 면 분별 하 지못해
아 무리 약한 자 라 도 십자가를붙 들 면 가장 지 혜롭고
16 E♭ E♭/G A♭ 1 B♭ E♭/G Fm B♭/D 2 B♭/D E♭
미련하 고 어리석게산 다 네 살 - 게 - 된 다 네
담대한 삶
21 E♭ E♭/G B♭ A♭ B♭
십자 가 주님의십자 가 강한 권 능의 십자 가
26 B♭/D E♭ Fm B♭/D E♭
십자 가 의크신능력 이 내삶 을 역전 시키 네

64 여호와께서

사 44:22

작사 & 작곡 이순희
♩= 80
여호 와 께서 나를 지켜 보호 한다 말씀하시 네
내가 네 허물을 빽빽 한구름같이 네죄를안개 같 이
없이 하 였 으 니 너는 내 게 로 돌아 오 라
내가 너 를 구속 하 였 음이라 말 씀하 시 네
나 - 이제 주께돌아가네 모 든욕심버리 고
나 - 이제 모든것을배설물로 여기고 주께돌아 가네
진정 나는 자유해 나는 행복해 주와함께걷는인생 길
세상 어떤 것과도 바꿀 수없네 주예수와함께하는 삶
여호 와 께서 나를 지켜 보호 하시네 내허물 을
빽빽 한 구름같이 내죄 를안개같이 사라지게 - 하셨 네

우리에게 힘이 있을 때 65

고전 15:42-44
작사 & 작곡 이순희
♩= 80
우리 에게 힘이있을때 생명 이있 을 때
기회 가있을때 천국에 상급쌓기 위해 기름준비 합 시 다
회 개함으로 구원을얻고 천 국을준비하 세
영 혼구원에 힘을쓰면서 복 음증거하 세
썩을것으로 심 고 썩지않 을것으로 욕된것으로 심 고
영광스 런것으 로 약한것으로심 고 강한것으 로
육의몸 으로 심고 신령한몸으로 살아나 네
육의 몸이 있 을 - 때 영의몸도있 다 네
육의 몸있을때 기름준비 - 기름준비합 시 다

E
남자

66 하나님의 능하신 손

작사 & 작곡 이순희
♩= 80
하 나님의- 능 하신손 아래 서 겸손 하 라
때 가되면- 너 희-를 높 이시 리 라
너희염려를 다 주께맡기라 이는주가너희를 돌보심이라
하나님교만한자 물리치시고 겸손한자에게은 혜베푸시네
교 -만은 패망의선봉이요 넘어짐의앞잡이니 라
겸 -손으로 무장하여 주님의 동역자로살기원하 네
우 리모두- 주안에서겸손으 로 무장 하 여
하 나님과- 동 행하며 살 아가 리 라

교만은 패망의 선봉이요

잠 16:18

작사 & 작곡 이순희

♩=90
교만 은패망의 선봉이요 거만 한 마음 넘어짐 의 앞잡이
모든 죄악의어머 니 - 교만 하나 님 교만 한자 물리치시고
겸 손한 자에 게 은 혜베푸시 네
깨닫 는것 이 은혜 라네 인생의 문제는 깨달음의문제
존귀 하나 깨닫 지 못하는자 멸망하는짐승같도 다
우 리모두 깨닫고 겸손으로 무장 하기위 해
완 고한 고집을 꺾고주앞 에 나아 갑시 다
패망 의선 봉 교만을 물리치고 겸손한 마음으 로 무장하여
성령 의은 혜로 충만받아 주님 의 뜻이 루며 살아가 세

68 내가 괴로워 울고

내적치유

작사 & 작곡 이순희
♩= 80
내 가괴로워 울고있을때 처 절하게무너 져 내릴때
모 든사람날 외면할때에 위 로받지못 할 때
사 랑 의주- 위로하시네 나를안아주 시 네
나 의 아픔- 만져주시네 내 눈물닦아주시 네
오 직나 의 주 주님만이 나의생 명
주 님함께하시 니 근심걱정 떠나가 네
주 를주인으로 모시고사니 고난 이별이되어 빛이나 네
주 의사랑나를 품어주시니 나 는이제행 복 해

두 마음의 싸움에서

작사 & 작곡 이순희
♩= 78
Cm Fm/A♭ G G/B Cm Fm/A♭ G
두마 음의싸움에 서 승리 하지못한성 도 - 는
Cm Fm/A♭ G Fm G Cm
육의 생각정욕에 이 끌려 - 방황하는삶 산다 네
G Cm/E♭ G/D Cm Fm/A♭ G G/B
두 마음의싸움 에서 승리하 지 못한성 도 는
Cm Cm/E♭ G/D Fm G G/B Cm Cm/E♭
깊 은영적전쟁 들어가 싸울때 절 망 하 여
G Cm/E♭ G/D Fm Cm/E♭ D° Fm G
때 론 포기 하고 싶은 마음 들기도 하 지 만
G Cm/E♭ G/D Fm Cm/E♭ Fm G Cm
자신을 부인 하고 예수의소망 을 붙들어야하 네
Cm Fm/A♭ G G/B Cm Fm/A♭ G G/B
이제 두마음의싸 움에서 승리 하여영의생 각품 어
Cm Fm/A♭ G Fm G G/B Cm
나는 죽고예수로 사 - 는 주님의 일 꾼되 리 라

E
남자

70 십자가로 보이신

사순절

작사 & 작곡 이순희
♩= 74
십자 가 로보이신 예 수 그리스 도의 희생과 겸 손
십자 가 로보이신 주 의 사랑과 열정과고난과죽 음 음
십자가 은혜의 깊 이는 - 부활의영광 의크 기
그십자 가위에 나도죽고 - 예수로살기 원 해
십 - 자가 를 사랑 하 여 부활의 열매맺 고
십 - 자가 만 자랑 하 며 담대하게 복음전하세
비방 자 폭행자박해 자 였던 나 - 를 깨끗 하게하 시 고
내게 사 명주시네 십자가로 모든것 뛰어 넘게 - 하 시 네

십자가에 달리신 71

작사 & 작곡 이순희

♩= 80
Cm D° Cm/E♭ Fm G G/B
십 자가에달리 신 우 리예 수 님
5 Cm D° Cm/E♭ Fm G Cm Cm/E♭
내 죄사해주셨 네 나 를구원하 셨 네
9 G A♭ Cm Fm/A♭ Fm G
이 죄인구하시 려 십자가의모진고난 당 하 셨네
13 G A♭ Cm Fm/A♭ G/B Cm Cm/E♭
그 십자가붙들 고 새로운삶살아가 네
17 G A♭ G Cm/E♭ G
보 혈 의 능 력으 로 모든죄 씻음받 고
21 G A♭ G Cm/E♭ F G Cm
자 유 함 언 었으 니 주님의 동역자되 리
25 Cm D° Fm G Fm G G/B
주 님의놀랍고 크신사 랑 세 상 에전파하리 라
29 Cm D° Fm G Fm G Cm
예 수를닮은삶 살아가 며 성 령의열매맺으 리

72 십자가의 능력이

십자가

작사 & 작곡 이순희

♩= 80
Cm Cm/E♭ Fm G G/B
십 자가의능력 이 우 리를구원시키 네
Cm Cm/E♭ Fm G/B Cm Cm/E♭
주 님의크신사 랑 우 릴변화시키 네
G Fm G G/B Cm Fm/A♭ G/B
사망권세이기고 부활하신주 십자가의모든고난 당하신 주
G Fm G G/B Cm Fm/A♭ G/B Cm
십자가의보혈로 모든문 - 제 해결하여주 신 사랑의 주
G A♭ G Fm G
그 보혈의 능력 으로 우 리의죄와허물 사해주셨네
G Cm/E♭ G Fm G G/B Cm
나 이제십자 가의능력으 로 자유하며살아 가 네
Cm Cm/E♭ Fm G G/B
나이 제십자가에 서 흘 리신주의보혈 로
Cm Cm/E♭ Fm G Cm
모 든죄씻음받 고 열 매맺고살아가 네

아무런 감정 없이

작사 & 작곡 이순희
♩= 76
Cm G/B Cm Fm/A♭ G/B Cm
아 무런 감정 없이 무감 각에 빠 져
Cm G/B Cm Fm/A♭ G/B Cm
고 난의 긴터 널을 지나 가고 있 네
Cm G7/B Cm D° G/B
우울 한삶 속에 서 소망 없는 날 들
Cm G7/B Fm/A♭ G/B Cm Cm/E♭
사랑 의주 님께 서 나에 게다 가 와
G Cm/E♭ G Cm/E♭ A♭ D° G/B
회 복 과치 유 새 삶을 허 락하 시 고
G Cm/E♭ G G/B Cm G/B Cm
내 영 혼꽃이 피 듯이 피 어나게되었 네
Cm G/B Cm Fm/A♭ G/B Cm
나 이제 살아 났네 하나 님을 느끼 네
Cm G/B Cm Fm/A♭ G/B Cm
기 쁨의 찬송 부르 며 행복 하게 사 네

74 어둠 속에 함몰되어

내적치유

작사 & 작곡 이순희
♩= 80
어둠 속 에함몰되 어 고 통당 할 때
나의 주 님마음의 문 두 드리 시 네 (어둠)
마 -음의 문 열 고 주 를모셔들이 니
모 -든결박 푸 시 고 나 를자유케하 네
주사랑나의맘에 가득넘치네 내안에은혜의강 흘러넘치네
내영혼크신은혜 바-다에서 기뻐기뻐 춤추 네
주님 의 오른 손 이 날 이끄 시 네
주와 함 께동행하 며 복 음전 하 네

영적게으름

작사 & 작곡 이순희
♩= 76
영 적게 으 름 내영 혼 깊은잠에빠지게하 네
영 적나 태 함 내마 음 더 굳어지게하 네
나의주님 내게 말씀하셔도 듣지 못 하 고
나의주님 빛을 비춰주셔도 보지 못 하 네
아 아 잠든내 영혼 어둠에 잠겨 갈 때
아 아 탄 식 하며 두려움에 빠져갈 때
능 력의손 나를일으켜 깨 워 주 셨 네
나 의주님 나의영혼을 빛으로 채워주셨 네
나 이제 영 적 잠에 서 깨어나빛을 - 발하 리
성 령의권능받 아 열정 의 불 붙여복음전하 리

오랜 세월 죄의 짐에

작사 & 작곡 이순희

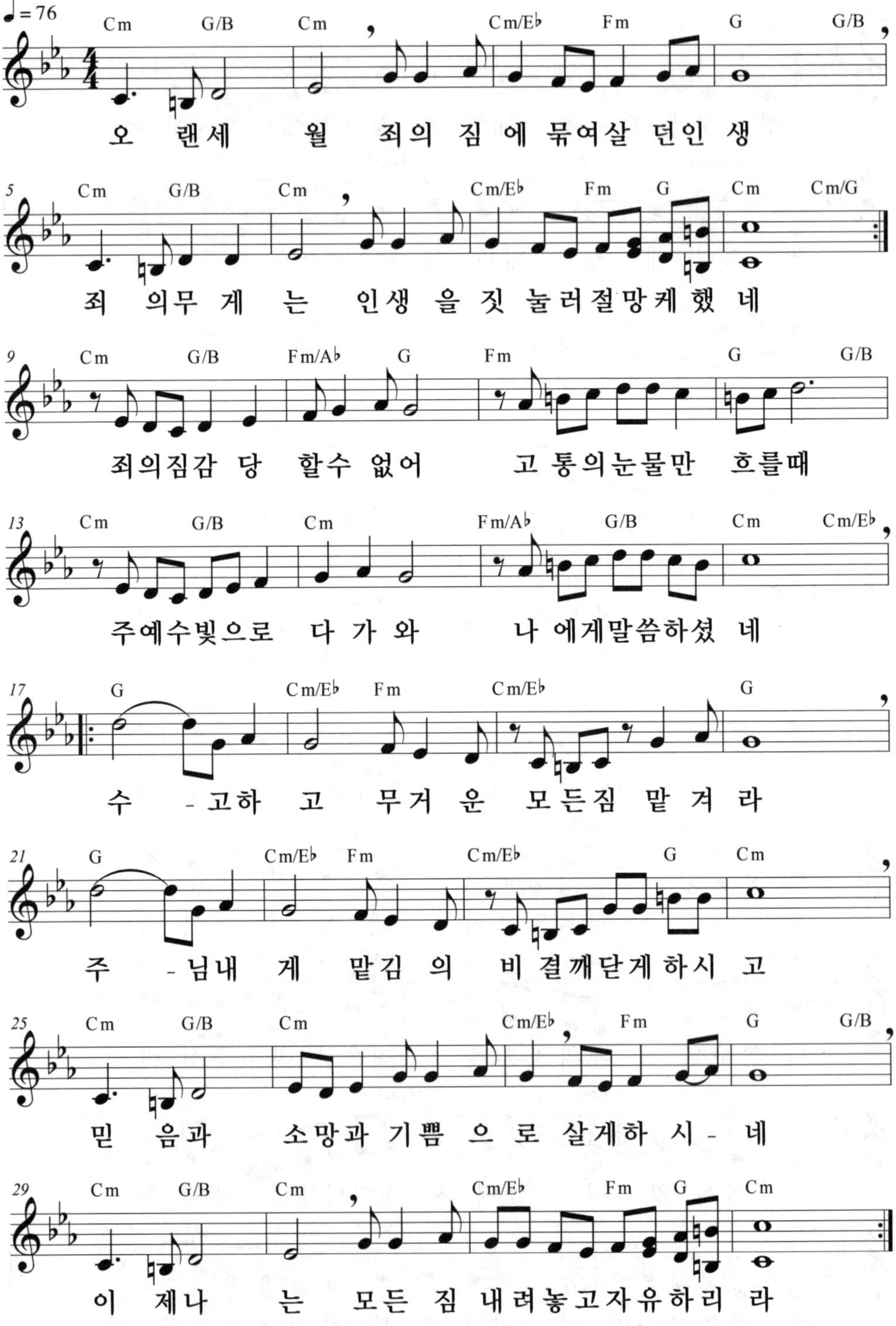

♩= 76

오 랜세 월 죄의 짐 에 묶여살 던인 생

죄 의무 게 는 인생 을 짓 눌러절망케했 네

죄의짐감 당 할수 없어 고 통의눈물만 흐를때

주예수빛으로 다 가 와 나 에게말씀하셨 네

수 - 고하 고 무거 운 모든짐 맡 겨 라

주 - 님내 게 맡김 의 비 결깨닫게하시 고

믿 음과 소망과 기쁨 으 로 살게하 시 - 네

이 제나 는 모든 짐 내려놓고자유하리 라

우리 모두 고도의

작사 & 작곡 이순희
♩= 80
Cm Fm/A♭ Cm Fm/A♭ G G/B
우 리모두- 고도의영적 분 별력가지 고
Cm Fm/A♭ Cm Fm/A♭ G/B Cm
참 진리와- 비진 리선과악 분 별하 여
Cm G/B A♭ G/B Cm G/B Cm
겸손 으로 포장 된 교만- 분별 하여 물리치 고
Cm G/B A♭ G/B Cm G/B Cm Cm/E♭
열정 으로 포장 된 욕심- 분별 하여 물리치 고
G Fm Cm/E♭ Fm G
섬 김으로 포장된 자기의 분별하여물리치 고
G Fm Cm/E♭ Fm G G/B Cm
집 착으로 포장된 병든사랑 분별하여물리치 세
Cm Fm/A♭ Cm Fm/A♭ G
우 리모두- 고도의영 적 분 별력 가지 고
Cm Fm/A♭ Cm Fm/A♭ G/B Cm
참 진리와- 비진 리선과악 분별하여승리 하 세

78 우리의 인생을 강건케

작사 & 작곡 이순희
♩= 100
Cm Cm/E♭ D° Cm/E♭ Fm G
우리 의 인생 을 강건 케 하는 믿음의 능 력
5 Cm Cm/E♭ D° Cm/E♭ G Cm
믿음 에 강권된 자 위대 한 기적 을체 험 하 네
9 G Fm G Cm/E♭ Fm G
불 신에 붙들 린자 의심과 두려움에갇히게되 네
13 G Fm G A♭ Cm Cm/E♭ G
사 랑에 강권 된자 하나님 상속자로세워 지 고
17 G G/B Cm Fm/A♭ Cm G/B Cm
의 심에 함몰 된자 고아와 같이 살게 된다 네
21 Cm G/B Cm Fm/A♭ G
성도는믿음의 능력 과사 랑 을 구 할 때
25 Cm G/B Cm Fm/A♭ Cm/E♭ G Cm
요동치않는주의 자녀 로서 존귀 한삶을 사 네
29 Cm Cm/E♭ D° Cm/E♭ Fm G
거룩 한 갈망으 로 하나 님 나라 를구함 으 로
33 Cm Cm/E♭ D° Cm/E♭ G Cm
차고 넘 치는복 을 누리 며 행복 한삶을 사 네

주님의 손길이 79

작사 & 작곡 이순희

♩= 80
Cm Fm/A♭ Cm/G G Fm G
주 님의 손 길이 나 를감 싸 네
Cm Fm/A♭ Cm/G G Fm G G/B Cm
우 리의 손 길이 세 상감 싸 네
Fine
Cm G/B Cm G/B G Fm G G/B
주의사랑베푸는 우리의손길 온세상에희망을 전파하 네
Cm G/B Cm G/B G Fm G G/B Cm
헌신과충성으로 영광돌리며 우릴통해찬양이 울려퍼지네
D.C

주님의 은혜 80

작사 & 작곡 이순희

♩= 76
Cm Cm/E♭ Fm Fm/A♭ G
주 님 의 은 혜 내 게허락하소 서
Cm Cm/E♭ Fm Fm/A♭ G/B Cm /E♭
끝 없 는 사 랑 내 게부어주소 서
G Fm Cm/E♭ Fm /A♭ G
그 놀 라운 사랑 으로 충 만하게하소 서
G Fm Cm/E♭ Fm G Cm
하 나님사랑 이웃 사랑 실 천하게하소 서

81 지치고 상한

내적치유

작사 & 작곡 이순희
♩=76
지 치고상 한 내 영 혼 무 너진나의인 생
살 소망전혀없어 두 눈 에 눈 물만흐 르 네
주 님을 찬양하며 행복하 게 살기원했지 만
염 려와 걱정에싸여 두려 움에 빠져버 렸 네
긍 휼이풍성하신 나 의 주 사 랑이풍성하신 나 의 주
숨 죽여울고있는 나 의 신음소리들으시 고
조 용히다 가 와 사랑의 손길로 안아주시 네
나 이제주님만 찬양하 며 행 복을외 - 치 리
새 롭고소망넘치 는 삶 을 살 아 - 가 리 라

행복하다 생각했지만

작사 & 작곡 이순희

♩= 80
Cm Cm/E♭ D° Fm G G/B
행복 하 다생각했지 만 불행 한 나의인 생
6 Cm Cm/E♭ D° G/B Cm
참된 자 유누리지못 해 갇혀 있 는내 영 혼
11 Cm/E♭ G A♭ Cm Cm/E♭ G
주를 찾 기 원하지 만 방 법을알지못 해
16 G/B Fm/A♭ Cm G/B Cm Cm/E♭
날마 다 뜨거운 눈물 로 하루하루살아가 네
21 G Fm Cm/E♭ Fm Cm/E♭ Fm G
사랑의나의주님 내영혼불쌍히 여 기시 고
25 G Fm Cm/E♭ Fm Cm/E♭ Fm G G/B Cm
따뜻한주의사랑 한없는주의은혜 부 어주 소 서
29 Cm Cm/E♭ D° Fm G G/B
놀라 운 회복의역 사 보여 주 시는 주 님
34 Cm Cm/E♭ D° G/B Cm
내영 혼 주안에서 참행복 참평 안 누리 며사 네

E 남자

83 내 영혼에서 흘러넘치는

작사 & 작곡 이순희
내 영혼 에 서 흘 러넘 치 는
알수없는 참된기 쁨 참된행복 참된평 강
주님주신기쁨이라 네 주님주신평강이라 네
내 안에하나님나 라 이루어졌 네 의와평강 희락넘치네
주 -님의 사 랑 이 나 를강권하시 네
성 -령의 능 력 이 나 를인도하시 네
빛 의열 매 를 맺 으며 사 네
모든착함 과의로 움 진실함의 열매맺 네

능력의 비결

작사 & 작곡 이순희
♩= 90
능력 의비결 자유 의비결 기쁨의비 결은 내려 놓음
안식 의비결 형통 의비결 승리 의비 결은 내려 놓음
육을내려놓은만 큼 영이깨어 나 고
나를내려놓은만 큼 성령의인도받 네
사 - 라질 세상 을향한집착 모 두내려놓 고
위 - 의것을 찾는 지혜로운삶 살 아갑 - 시 다
최상 의부요 능력 누리는 비결 은나를내려 놓 - 는것
능력 의비결 자유 의비결 주만 의지 하는 것이라네

85 마음이 성결한 자는

전도

작사 & 작곡 이순희

♩=90
마음 이성결한자 는 빛가 운데 거하 여
어둠 을물 리치 고 승리 하며 산다 네
성 결한 자 는 하나님과친밀하 여
주 가주 신 능력으 로 주의사랑나타낸다 네
우리 모두 정직 하고 성결한마음으 로
아름 답고 깨끗한손과 거룩한생각으 로
주의 능력나타내 어 세상 에빛을발하 세
땅끝 까지 복음으 로 충만 하게 채우 세

물결처럼 흐르는

작사 & 작곡 이순희

♩= 90
F C/E F C/E F
물결 처럼 흐르 는 기 쁨의 노 래
5 F C/E C C/E F
하늘 이맑은미소 로 나 를맞이하 네
9 F F/A B♭ F/A
맑 은햇살가운 데 임 하시는성 령
13 F F/A B♭ C C/E F
내 영혼 - 빛으 로 가 득채워지 네
17 F C/E F C/E Gm C/E
나는 행복해 나는 자유해 내영혼에빛이임하 니
21 F C/E F C/E F
나는 행복해 나는 자유해 성결한삶살아가겠 네

87 생각을 공격하는

영적전쟁

작사 & 작곡 이순희
♩=76
생각을 공격하 는 어둠의 - 영 물리치고 내생 각
마음을 공격하 는 사탄의계략 물리치고 능력 의
주님께 내어드 려 진리안 - 에 자유하게 살리 라
기쁨의 찬양드 려 진리안 - 에 자유하게 살리 라
입 술을 공격 하는어둠의영 물리치고능력의 찬양부르세
승 리의주나를 주관하 시니 패배의식물리치고 승리 하세
풍요 의식취하 여 결핍의식몰아내 리
주님 주신마음과생 각 주를향한찬양넘치 는 입 술
내인생 사랑의 주께사로잡혔네 나이 - 제 더이 상
패배하 지않으 리 승리를향해 전진하며찬양하 리

성령

성령의 불로 다가와 88

작사 & 작곡 이순희
♩= 80
성령 의 불로 다가 와 모든 죄 태우시는놀라운 은혜 -
성령 의 불로 다가 와 모든 질병태우시는놀라운 은혜 - 은혜 -
주 님 의 크신사 랑 생 각할 때 에
기 쁨 과 감 - 사 가 흘 러넘 치 네
감 사 의 눈 - 물 이 흘 러넘 치 네

F — 남자

성령

성령의 불로 임하사 89

작사 & 작곡 이순희
♩= 76
성 령의 불로 임 하 사 내 영혼깨워주소 서
성 령의 불로 임 하 사 내 영혼치유하소 서
진리안의자유한 영혼으 로 주님의뜻이루게 하 소 서
많은영혼주께로 인도하 여 영원토록빛나는삶 살게하소서

90 성령의 불을 붙이세

성령

작사 & 작곡 이순희
성 령의불을붙이 세 우 리의영혼 에
성 령의불이붙은 성 도 는 성령의능력 나타내 네
생 각과마 - 음과 언어에 불을받 아 주님께 쓰임받 네
성 령의 불이붙은찬 양 은 영혼을 깨우 네
성 령의 불이붙은예 배 는 주의나라 확장하네
성 령의불이붙은 섬 김 은 마음천국누리게하 네
성 령의불이붙은 전도는 복음의 열매 - 맺게하 네

영적전쟁에서

작사 & 작곡 이순희

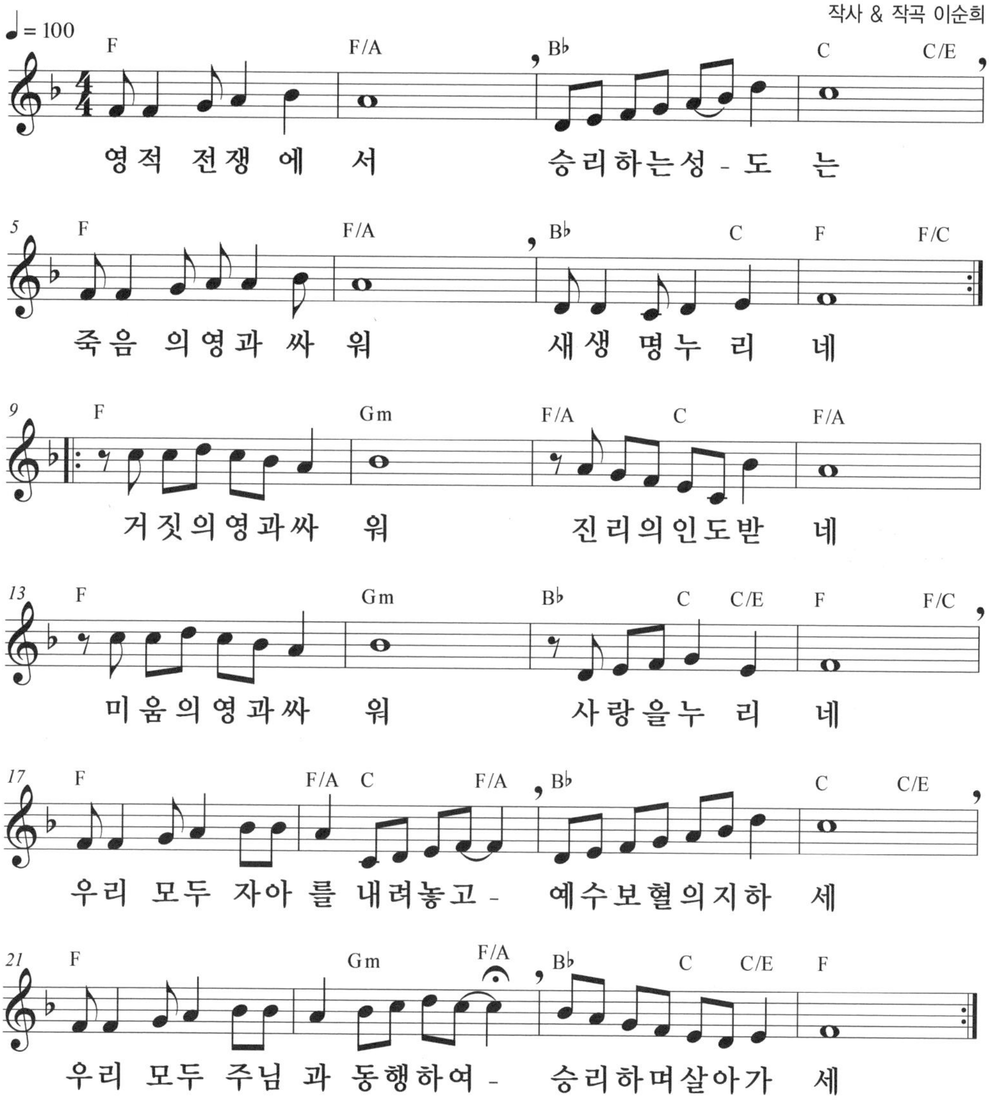

♩= 100
F F/A B♭ C C/E
영적 전쟁 에 서 승리하는성 - 도 는
5 F F/A B♭ C F F/C
죽음 의영과 싸 워 새생 명누 리 네
9 F Gm F/A C F/A
거짓의영과싸 워 진리의인도받 네
13 F Gm B♭ C C/E F F/C
미움의영과싸 워 사랑을누 리 네
17 F F/A C F/A B♭ C C/E
우리 모두 자아 를 내려놓고 - 예수보혈의지하 세
21 F Gm F/A B♭ C C/E F
우리 모두 주님 과 동행하여 - 승리하며살아가 세

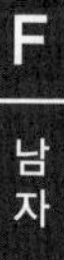

92 우리의 인생길

작사 & 작곡 이순희

♩= 76
우리의인생길 - 누구나할것없이 고달프고힘이들지 만
우리의생각과 - 마음먹기에달려있어 스스로의인생만드 네
하 나님과 - 동행 하는사람 어떤 문제 - 앞에서 도
하 나님이 - 주신 생각으로 넉넉 하게이기며 살지 만
내 뜻대로 - 살아 가는사람 아주 작은 - 문제앞에서 도
쓰러지고넘어지고 고통속에 살아 가며 - 탄식하 네
나의 의지를주님께 내어드려 자유케되 리
나는 더이상나 - 를 의지하 지 않 고 주께맡기 리
이제는나의삶 - 주님께맡 - 기고 주와함께동 - 행하 며
성령의능력을 - 온세상사람들에 - 게 나타내며열매맺으 리

십자가

십자가에서 흘리신

93

작사 & 작곡 이순희

♩= 76
F C/E F C/E B♭/D C/E F
십자 가에서 흘리신보혈 - 나의영혼정결케하 네
F C/E F C/E B♭/D C/E F
십자 가에서 흘리신보혈 - 모든결박풀어주시 네
F Gm C/E F Gm C/E
십 자 가 의 고 통 속 에 비 추 이 는 빛
F Gm C/E F C/E F F/A
내 영 혼 의 모 든 상 처 씻 어 주 시 네
B♭ F/A B♭ C
죄 와 죽 음 이 기 시 고 우리를살리신 십자 가
B♭ F/A B♭ C F
물 과 피 를 쏟 으 시 고 우리를구원하신 십자 가
F C/E F C/E B♭/D C/E F
그십 자가의 사랑힘입어 - 나는새롭게변화되었 네
F C/E F C/E B♭/D C/E F
그십 자가의 사랑힘입어 - 주의복음전하며사 네

F
남자

94 주님 가신 길

작사 & 작곡 이순희

주님가신길 - 고난의 - 길 - 섬김의길겸 손의 길
십자가없는 - 영광은없고 - 죽음없는부활없듯 이
우리모두 - 주와 함께죽고 주와 함께 - 살기원하 네
우리모두 - 주님 가신그길 십자 가의길 - 가기원하 네
주와 함께영광 받기 위하여 고난 도 함께받아야하 네
주와 함께영광 받기 위하여 십자 가 의길로가야하 네
자 아죽이는 길 사는길이요 - 포기하는길얻는길이 네
희 생의 길 축복의 - 길 - 겸손의길승리의 - 길
인생의길을 - 찾지못할때 - 한치앞도볼수없을 때
오직주예수 - 그리스도의 - 십자가의길따라가겠 네

찬양

주를 찬양하라

작사 & 작곡 이순희

♩= 76
F C/E F Gm C/E
주를 찬양하라 주를찬양하라 나 의영 혼 아
F C/E F Gm C/E F
주의 끝없는사랑 을 찬양하라 나 의영 혼 아
Fine
F F/A B♭ C C/E
주 의은혜와사 랑 끝 이없 다 네
F F/A C C/E F
나 의심장이뛰 네 주사랑에감격 하 네
F Gm B♭ F/A B♭ C C/E
주 여 주 여 내가주를찬양합니 다
F Gm B♭ F/A B♭ C C/E F
주 여 주 여 홀로영광받아주소 서
D.C

F
남자

96 주의 사랑에

작사 & 작곡 이순희
♩= 83
주의 사랑에 잠 못 이루네 모두다잠든고요한이 밤
주님 주시는 재능 가지고 밤을새워주의일하 네
밤 을지 새 워 주 의일 해 도
주 의사 랑 을 표 현할길없 네
피 곤치않네 새힘주시네 능 력주 시 네
그누 구도알수 없는 참된평강 참된기쁨 참된사 랑
내안 에서넘쳐 나네 사랑의주 내안에서 일하시 네
나는 자유해 나는 행복해 주안에서나는기뻐 해
나는 평안해 나는 만족해 영원토록주를찬양 해

지혜로운 사람은

97

작사 & 작곡 이순희
♩= 80
F F/A C/G C/E F
지혜 로 운사람 은 이 땅에서도- 천국누리 네
F F/A C/G F C/E F F/C
천국 은 사랑과능 력 충만한 가장 아름다운 곳 (지혜)
F Gm F/A B♭ C
나 -는이 제 천국을 바라보 네
B♭ F/A C C/E F F/A
나 -는이 제 땅의것 보지않 네
C F/A C F/A
천국을위한인생 사는자 땅의것에미련두 지않네
C F/A C B♭ C F
천국을위한인생 사는자 주위해헌신하며 사네-
F F/A C C/E F
천국바 라보 는 자 주 님 예비하신영광누리 네
F F/A C/G B♭ F/A C C/E F
믿음 으 로천 국 바 라보며 기름 준비하리 라

F
남자

98 진리 안에 자유

작사 & 작곡 이순희

♩= 100
F C/E B♭/D C/E F
진리안에자유 진리안에자유 자유한삶살아가 네
F Gm F/A Gm F C/E F F/C
자유얻기위해 죄와싸워이겨 성결한삶살아가 세
F C/E F F/A B♭ C C/E
성 결의영 성을 소유한자는 주의음성분 별하 여
F C/E F F/A C F F/C
주 님의말 씀에 순종함으로 주를기쁘시게하 네
F C/E B♭/D C/E F
성 결한영성 소 유 - 하여 진리안에자유누리 세
F Gm F/A Gm F C/E F
천 국의복을 유 통 - 하는 축 - 복의통로되 리

두려움과 아픔에 놓인

99

작사 & 작곡 이순희

두려 움과 아 픔에 놓인 나 의모 습
방황 하며 공 허에 놓인 나 의모 습
한걸음 씩 내딛는 것도 어 려 웠 네
두려움 과 절망에 싸여 떨 고있 는 날
사 랑의 하나 님 따뜻한 품으로 안아주시 네
나 의사랑하는 자 녀 야 두려워 하지말 라
내 가 너와함께 하 리 라 내 가 너를도와 주 리 라
더이 상 상처에 매여 아파 하 지않 으 리
더이 상 과거에 매여 방황 하 지않 으 리

F
남자

100 사랑의 주님이

사랑

작사 & 작곡 이순희

사랑 의주 님 이 나를 고치 시 네
사랑 의주 님 이 나를 인도 하시 네
주 님의 사랑 은 끝 없이 넓고크신놀라운사 랑
주 님의 사랑 은 한 없이 높고깊은조건없는사 랑
주님의사 랑의 너비와길이와 높이와깊 이가 어떠함을
깨달아사랑으로 충만하 - 여 주님의뜻 대로 살아가 리
주님 의사 랑 은 우리 를변화시키 네
영원 토록 주님 만 찬양 하게 하시 네

성령의 바람

작사 & 작곡 이순희
♩= 80
성령의바람 바람불어와 -
성령의불길 불길타올라 -
성령의 능력이함께하네 -
성령의 능력이함께하네 -
그어떤장애물 - 있다해도 -
그어떤죄와상처있다해도 -
모두다날려버 리 네 -
모두다태워버 리 네 -
Fine
성령의바람이성령의불이 -
나의모든문제해결하시네 -
성령의놀라운능력 이 -
나의삶을인도하시네 -
사 명향해 전진하게하는 성 령의크신능력 -
나 의삶을 인도하시네 내 인생주께 맡기 리
D.C

102 성령의 인도를 받는

성령

작사 & 작곡 이순희

♩= 76
Dm Dm/F A Dm/F Gm Dm/F Gm A
성 령의 인도를 받는인 생 한 계의 벽을 뛰어넘 네
Dm Dm/F A Dm/F Gm Dm/F Gm A Dm
성 령의 인도를 받는인 생 저 하늘 높이 비 상 하 네
Dm Dm/F Gm Dm/F A Gm A
시간의 한계 - 공간의 한계 - 능 력의 한 계
Dm Dm/F Gm A Gm A A/C♯ Dm
재능의 한계 - 물질의 한계 - 죽 음의 한계 뛰 어 넘 네
Dm Dm/F A Dm/F Gm Dm/F Gm A
사명향해 전 진 하게하 는 성 령의 크 신 능 - 력 이
Dm Dm/F A Dm/F Gm Dm/F Gm A Dm
나를인도 하시고 복 - 음 의 능 력을 나타 나게 하 네

세상에 가득히

103

작사 & 작곡 이순희

♩= 80
Dm A/C♯ Dm Gm/B♭ A A/C♯
세 상에가 - 득 히 어 둠이깔 릴 때
5 Dm A/C♯ Dm Gm/B♭ A/C♯ Dm Dm/F
주 님의사랑의 빛 우 리를이 끄 네
9 Gm Dm/F Dm Dm/F A
주 의사랑의빛 은 영 혼의열쇠가되 어
13 Gm A A/C♯ Dm A/C♯ Dm
하 늘의문을열 어 주 를보게하 네
17 Dm A/C♯ Dm Gm/B♭ A A/C♯
나 이제주님의 사랑의 빛 비 추며살 리 라
21 Dm A/C♯ Dm Gm/B♭ A/C♯ Dm
많은영혼주께로 인도하 는 주 님의동역 자되 리

104 세상을 바라보며

작사 & 작곡 이순희
♩=76
세 상 을바라 보며살 때 내영 혼곤고 했지만
주 님 을바라 보며살 때 내영 혼만 족해
이전엔 헛된세상 줄 놓지못 해 집착했지 만
아무리 채우려해 도 채워지지 않는나의병든영 혼
이 -제는 세상줄 내려놓 고 내영혼 채우시는
하 -나님 만 의지하여 참된만족누 리 리
헛 된 세상줄 내려놓 고 오직 주의줄 잡으리
주 의 사랑의 줄에매 여 참행 복누 리리

아무리 몸부림쳐도 105

작사 & 작곡 이순희

♩= 80
Dm A/C♯ Gm/B♭ A A/C♯
아 무리 몸부림쳐도 채워지지않는내영 혼
Dm A/C♯ Gm/B♭ A/C♯ Dm
과 거의 상처에갇혀 울부짖는나의영 혼
Dm A/C♯ Dm Dm/F A Gm A
간 절히기도하 며 주 님께부르짖을 때
Dm A/C♯ Dm Dm/F Gm A Dm
주 님의따뜻한손 길 나를감싸주 시 네
Dm A/C♯ Gm/B♭ A A/C♯
오 직나의 주님만 - 이 나의영혼채워주시 네
Dm A/C♯ Gm/B♭ A/C♯ Dm
나 는이제 예수안에서 참된행복누리며사 네

F — 남자

106 이전 것은 지나갔으니

작사 & 작곡 이순희
♩ = 80
이전것 은 지나갔으니 보 라 새것이 되었도 다
예수안 에 있는자 - 는 새로운 피조물 되었 도 다
나 이 제 더이상 과거 에 매이지 않 네
나 이 제 더이상 상처 에 매이지 않 네
나는이 제 새 - 로 - 운 피조물 답 - 게 살아가 리
나는이 제 왕 - 같 - 은 제사장 답 - 게 살아 가 리

자비로운 손길로

107

작사 & 작곡 이순희

♩= 80
Dm A/C♯ Dm Dm/F Gm A A/C♯
자 비로운 손길 로 나 를 감싸시 고
5 Dm A/C♯ Dm Dm/F Gm A Dm Dm/F
우 리의삶 속 에 풍 성한축복주시 네
9 Gm A Dm/F A Dm/F Gm A
세 상사는날동 안 시 련과 고 통이닥쳐온대 도
13 Gm A Dm/F A Gm A Dm
주 님의 - 손길 에 나를맡기 니 두렵 지 않 네
17 Dm A/C♯ Dm Dm/F Gm A A/C♯
놀 라운주 능 력 나 를 붙드시 네
21 Dm A/C♯ Dm Dm/F Gm A A/C♯ Dm
염 려걱정 없 네 내 잔이넘 - 치 네

F
남자

108 자비와 은혜로

작사 & 작곡 이순희

♩= 80
자비 와은혜로 베풀어지는 우리 의삶 이 세상비추네
고달 픈이에게 손을내밀어 주님 의사랑을 나누며 사네
삶 의무 게 에 짓 눌린 영 혼들 에 게
주 의크신사 랑 전 하며 살 아가 네
세상 의어둠을 밝히는찬양 내 - 입술 에 두 - 셨으니
나는 영원토록 찬양하리라 주의 이름높 여 찬양하리라

주 안에 있는 우리는 109

고후 4:16-18

작사 & 작곡 이순희
♩= 80
주 안에있는 우 리는 결 코 낙심치않 네
우 리의겉사람 은 낡 아 지 나
우 리의속사람 은 날 로새로워지 네
우 리가 잠시받 는 환 난의경한것 이
지 극히 크고영원한 영 광의중한것 을
우리에게이루게 함이니 우리가주목하는것 은
보이는것 이 아니요 보이지않는것 이 니
보 이는것은 잠깐이요 보이지 않는것 - 은
영 원함이라 속 사람 영 원 함 - 이 - 라

F
남자

110 감사하세

감사절

작사 & 작곡 이순희
♩= 90
감 사하세 우리주 하나님께 모 든것 감 사
감 사하세 생명을 허락하신 주 님께 감 사
Fine
십자가의 은혜로 써 구원하신 주 님께 감 사
날마다 동행하시 는 임마누엘 주 님께 감 사
최선의 열매로써 드릴수있는은혜 주 심에 감 사
마 음의 열매 시 간의 열매 물 질의 열 매
사 랑의 열매 헌 신의 열매 충 성의 열매 올려드리며
D.C

내가 여호와를

시 40:1-3

작사 & 작곡 이순희
♩= 90
내 가여호와 를 기다리 고 기다렸더 니
귀 를기울이 사 나의부르짖 음 들으셨도 다
나를 기가 막 힐 웅덩이와 수렁에서 건져주시 고
내발 을반석위 에 두 - 사내 걸음을견고하게 하셨도 다
새 노래 곧 하나님께 올 릴찬송을내입에두셨으 니
많 은사람이보 고 두려워하여 여호와를 의지하리로 다
우 리의노래 가 흐르는 곳 치유의역 사
회 복의 - 역 사 변화의 - 역 사 일어나 - 네

G
남자

112 높고 높은 하늘을 향해

작사 & 작곡 이순희
♩=90
높 고높은 하늘을향해 찬양이 울려퍼지 네
주 의은혜 함께하시니 감사가 넘쳐흐르 네
마음 문열어 주 를바라보니 기쁨 과평안넘치 네
마음 문열어 주 만의지하니 성령 의능력함께 해
나 는이제 주의능력으로 천국의 파수꾼되 어
주 -님의 동역자되어 사명을 감당하리 라

높고 크신 주님의

작사 & 작곡 이순희
♩ = 72
높고 크 신주님의 이름을 우리 목소 리높여찬양 해
주님 의 한없이깊은 사랑에 우리 모 든죄 가씻겼 네 (높고)
영 원하신주사 랑 끝 이없는주사 랑
변 함없는주사 랑 위 대하신주사 랑
나이 제 주님의사 랑으로 행복 하고 값진삶을사 네
주님 의 뜨거운사랑 의손길 날마 다 나를 감싸시 네

114 눈부신 빛으로

작사 & 작곡 이순희
♩= 80
G G/B C Am D/F♯
눈 부신 빛으 로 내 게다가오소 서
찬 란한 빛으 로 나 를감싸주소 서
G Am C D G
치 료의 손길 을 내 게허락하소 서
어 두운 인생 길 빛 을비춰주소 서
G Am C D G/B Am C D D/F♯
험 하고고달픈 인생길에도 주 님의빛을받아 살아가 니
G Am C D G/B C D G
흔 들리지않네 요동치않네 큰 산도두렵지않 네
G G/B C Am D/F♯
빛 되신 나의 주 내 게빛을주시 네
G Am C D G
주 님의빛을받 아 주 님의빛비추 리

다시 오실 예수 그리스도 115

작사 & 작곡 이순희

♩= 90
G C/G G D/F# C/E D D/F#
다시 오실 예수 그리스도 맞 이 하 세
G Am D/F# G G/B
주님 을만나는 날 부끄럽 지 않 도 록
C D G/B D G/B
믿 음의준비 충 성의준비 인 내의 준 비
C D G/B C D D/F# G G/B
찬 양의준비 사 랑의준비 영 혼의준비하 세
D G/B C D7 G/B
주 님을 기다리면서 주님을 닮아가 고
D G/B C D D/F# G G/D
주 님을 소망하면서 현재를 살아가 세
G C/G G D/F# C/E D D/F#
다시 오실 예수 그리스도 맞 이 하 세
G Am D/F# G
내영 혼에 주 를 맞이하여 천 국 이 루 세

G
남자

116 마음에 피어난

작사 & 작곡 이순희
♩= 90
마음 에피어난 믿음의꽃 고요한 밤에도 빛나는희 망
하나 님의은혜 우리 를안고 믿 음에믿 음을 더하시 네
Fine
믿 음의길을 걷 는 우리 어둠속에서도 빛나는 별
하 늘에펼쳐진 언 약 의꿈 믿음으로찬양하 리
견 고한믿음 굳건한믿음 흔 들리지않는 믿음으 로
많 은영혼주께로 인도하 - 여 하 늘의별처럼 빛 - 나 리
D.C

사랑의 불 오 오

작사 & 작곡 이순희
♩= 90
G C/E G C/E D C/E D/F♯
사랑 의불 오 오 뜨거 운능력 의 불
G C/E G C/E D C/E D/F♯ G
사랑 의불 오 오 뜨거 운치료 의 불
C D G/B D G G/B
사 랑의불이붙으 면 인 생이변화된다 네
C D G/B D D/F♯ G G/D
사 랑의불이임하 면 무 너진질서회복되 네
G D/F♯ G C/E D/F♯ G
사 -랑의 불이붙으면 완 고한마음무너지 네
G D/F♯ G C/E D G
사 -랑의주 내영 혼을 소생시켜주 시 네
G C/E G C/E D C/E D/F♯
사랑 의불 오 오 사명 의불붙 이 네
G C/E G C/E D C/E D/F♯ G
사랑 충만 받 아 사랑 의통로 되 리

118 사랑이 무엇인지

전도

작사 & 작곡 이순희

♩= 80
G Am G/B C D G/B
사랑 이 무엇 인 지 알 지못 하 여
의미 없 이시 간 만 흘 려보 냈 네
5
G Am D/F# D D/F# 1 G 2 G G/D
곤고 한 인생살아가 던 지 난세 월 들 주
의미 없 는내 - 삶 - 에 찾 아오 신
11
G Am G/B C C/E D/F# G G/D
살 아갈이유찾 아 기쁨과 찬양 생명 넘치 네
15
G Am G/B C D D/F# G
나 이제크신사 랑 경험하여 사랑 에빛진자되 어
19
G Am G/B C D G/B
주의 복 음전 하 며 살 아가 리 라
24
G Am D/F# D D/F# G
성령 의 인도하심따 라 열 매맺 으 리

새벽이슬 같은

119

작사 & 작곡 이순희
♩= 76
G Am D/F# G D/F#
새벽 이 슬같은성령 의능력 내영 혼 촉촉하게적시 네
5 G G/B D G/B Am D/F# 1. G 2. G
메마 른 나의심 령에 이슬 같 은 성령임하 니 니
11 G Am G/B D G/B C D D/F#
열 정이 풍성한 영혼으 로 변화되 고
15 G Am D/F# C/E D/F# G
지 치고 피곤한 자에게 성 령임 하 니
19 Am D/F# C/E D/F# Am D/F# G
새벽이슬같은 주의청년으로 변 화되 네
23 Am D/F# C/E G Am D/F# G
새벽이슬같은 주의성령이여 임 하소 서
27 G Am D/F# G G/B D
새벽 이 슬같은주의 청년되어 - 주의 나 라 확장위하 여
32 G G/B D G/B Am D/F# G
죽은 영 혼살리기 위해 복음 전 하며살아가리 라

G
남자

120 예수님이 세상을

작사 김지원
작곡 이순희

♩=76
G Am G/B Am D/F♯
예 수 님 이세상을사랑하 사 세 상 가 운데로오셨 네
G Am D/F♯ Am D/F♯ 1 G 2 G
주 님 이 말씀하시 면 기 적 이 나 타 나 네 네
G C/E D/F♯ G
병 든 자 가치료받 고 마 음 상 한자치유받 네
G C/E C D D/F♯ G
예 수 를 주인으로모시 니 나 에 게 도기적나타 나
G Am G/B Am D/F♯
지 옥 같 았던나의삶 이 천 국 으 로변화되었 네
G Am D/F♯ Am D/F♯ G
신 기 한 주님의세 계 말 로 다 형용할수없 네

우리에게 소망을 121

작사 & 작곡 이순희
♩= 72
G Am D/F# C/E G D
우리 에 게소망을 주시고 주의 뜻알게하시는 하나 님
G Am D/F# C/E G/D C/E D/F# 1.G 2.G
소망 의 능력은잠든영혼깨우고 잠재 된재능과은사를깨워주 네 네
G Am G/B A/C# D D/F#
소 망 의 능 력 에 붙 들 린 자
G Am D/F# G D/F# G
현 실의 장 애 물 뛰 어 넘 고
G Am G/B A/C# D D/F#
소 망 의 능 력 에 붙 들 린 자
G G/B D D/F# G
하 나님 의 뜻 이 루며 사 네
G Am D/F# C/E G D/F#
오 직 예 수님만소망 함으로 내영 혼앞길막혀답 답해 도
G Am D/F# C/E G/D C/E D/F# G
소망 되 신주와함께 전진하여 행복 한 주님의동역자되-리 라

G
남자

122 육의 힘으로

작사 & 작곡 이순희
♩= 76
육의 힘 으로 사는 자 언 제나한계를느끼 네
육의 힘 으로 사는 자 시 간의한계 능 력의한계
지 식의한계 앞 에 부딪혀 절망하며낙심 하 네 네
성 령 의 힘으로 사는자 한 계가 없 네
하 늘 의 충만한 지혜와 사 랑임 하 고
한없는기쁨과 평강임하네 끝없는행복과 자유임하네
성령의무한한 능력받아서 주의뜻이루며 살아가리라
육의 힘 으로 사는 자 언 제나한계를느끼 네
영의 힘 으로 사는 자 한 계없는삶 살아가 네

내적치유

죄의 무게에

123

작사 & 작곡 이순희
♩=76
G D/F# G Am D/F#
죄의 무 게에 짓눌 려 고통가운 데 울고있 던 나
5
G D/F# G D/F# 1. G 2.G
상한 마 음부둥켜안 고 몸부림치 며 살아왔 던 나 나
11
Am D/F# G Am G/B C D D/F#
더이상 견딜수없 어 모든것 포기하려할 때 에
15
Am G/B D Am C D G G/D
주님날 부르시 네 이제야 주의음성들 리 네
19
G G/B C D D/F# G
사 랑 하는 자 녀 야 모든짐 내려놓 고
23
G G/B C D D/F# G
내 게 로 - 나 오 라 주님말씀하 시 네
27
G D/F# G Am D/F#
나의 모 든짐 주님 께 맡겨드리 고 나는자 유 해
32
G D/F# G D/F# G
주의 크 신오른손으 로 나를붙들 어 주시니 행복 해

G
남자

124 주님 앞에 나아가는

작사 & 작곡 이순희
♩= 90
주님 앞에 나아 가는 나 의발 걸 음
한걸 음씩 한걸 음씩 걸 어갈 때 에
주 님 의 따뜻한 미 소 나를 반기는듯하 네
주 님 의 강한능 력 나를 붙드 시 네
나 - 이제 주의손에붙들려 생 명의길로 달려가 네
나 - 이제 주의손에붙들려 세 상에빛을 발 - 하 네
나를 통해 행하 실일 기 대하 면 서
주의 손에 붙들 리어 복 음전 하 리

주님의 능력

125

작사 & 작곡 이순희
♩= 90
주님 의능력 크 고놀 라워 모든 만물주 를 찬양하네
주님 의은혜 날 로새 로워 한없 는사랑으로 채우 시네
Fine
주 님의 위 로 깊 고놀 라 워
공 허한 내 면 채 워주 시 네
우리모두 주를 찬양하세 주 를찬양하 세
한이없는 주의 능력 영원 토 록찬양하 세
D.C

G
남자

126 주님의 위대하심을

작사 & 작곡 이순희
♩= 90
G D/F# G C/E D/F# G
주님 의위대하심 을 온세상에전하 세
D/F# G C/E D/F# G
주님 의크신사 랑 소리높여찬 - 양 해
G Am G/B D G/B
주 님의 은 혜가 우 리를 감싸네
G Am G/B D D/F# G
주 님의 능 력이 우 리를 붙드네
G D/F# G C/E D/F# G
세상 에희망의 빛 우릴통해비추시 네
D/F# G C/E D/F# G
세상 에치료의 빛 우릴통해비추시 네

주님의 은혜가 127

작사 & 작곡 이순희

♩= 90
G Am D/F♯ C/E D/F♯
주 님의 은 혜가 나 를채우시 네
5 G Am D/F♯ C/E D/F♯ G
주 님의 능 력이 나 를이끌어가 네
9 G Am C D G/B C G/B D
험 하고고달픈 인생길에도 성 령의인도받아 살아가 니
13 G Am C D G/B C D G
흔 들리지않네 요동치않네 큰 산도두렵지않 네
17 G Am D/F♯ C/E D D/F♯
나 이제 주 사랑 노 래하며사 네
21 G Am D/F♯ C/E D/F♯ G
주 님의 사 랑을 나 타내며살겠 네

128 주를 향한 감사의 노래

작사 & 작곡 이순희

♩= 90
G Am D/F# G D/F#
주를 향한 감 사의노래 부 르며 사 네
5 G Am D/F# G D/F# G
주의 이름 찬 양 - 하 며 경 배드 리 네
9 G G/B C D D/F# G
주 님의 놀라 운 사 랑이 우릴 감싸주시니
13 G G/B C C/E D/F# G
모 진풍랑일어 도 두 려움 없네 놀라지않네
17 G Am D/F# G D/F#
주의 능력 함 께하시네 크 신사 랑 이
21 G Am D/F# G D/F# G
주의 이름 높 여드리네 주 께영광돌리 네

주의 사랑 안에

129

작사 & 작곡 이순희

♩= 90
G D/F# G D/F#
주 의사랑안 에 갇 혀있 는 자
G C/E D/F# G D/F# G
고 난과 환난 속에서 도 흔 들리지않 네
G D/F# G D/F# C/E D/F# G D/F#
빛 으로가득 한 길을향 해 고 난의바다를 헤쳐나가리
G D/F# G D/F# C/E D/F# Am D/F# G
빛 으로가득 한 길을향 해 주 계신곳으로 달려나가리
G D/F# G D/F#
고 난을 - 통 해 주 님만 났 네
G C/E D/F# G D/F# G
고 난이 유익 이라하 신 주 님을찬양 해

G
남자

130 주의 품에

작사 & 작곡 이순희
♩= 80
주의품에안기고싶 어 주의손에붙들리고싶 어
주의품에안 - 기었 네 주의손에붙 - 들렸 - 네
주의눈에발견되고싶 어 간절하게기도했 네
주의눈에발 - 견되었 네 나의삶은변화됐 네
하 나님의 품 에 안 겨있 는 나
참 된평안과 기쁨과 사랑 넘 쳐흐 르 네
하 나님의 능력 의 손길에 붙 들 린 나
성 령의인도받 아 주님의뜻이 루 네
하 나님 의 눈 에 사 로잡 힌 나
이 웃사 랑 실 - 천 하며 복 음전 하 네

하나님의 사랑

작사 & 작곡 이순희

♩= 70
하나 님 의사랑 말로다 - 표현못해 한량없이크신사 랑
하나 님 의은혜 말로다 - 표현못해 아들을내어주신그은 혜 혜
오 놀라운 주사랑 내 마음가득 채워 져
사 랑의노래 부르며 하 나님만찬양하 리
은혜의노래부르 며 오직주만노래하 리
높은하늘 깊은바다같 은 주의사랑영 원 해
감 사로내삶채우 리 오직주만의지하 리
하 나님사랑함께 해 사랑의노래영 원 히
하나 님 의사랑 내맘에 - 부어질때 치료의역사일어나 네
모든 결 박풀고 모든병 - 떠나가네 내영혼주안에서자유 해

G
남자

132 하나님의 사랑이

작사 & 작곡 이순희

♩= 90
G G/B G Am D/F#
하나 님의 사랑 이 우 리를 감싸주 시 네
G G/B G D/F# G G/B
마음 에피어난 꽃 평 강과 기 쁨 의 꽃
C G/B C G/B D G/B
영 원 한 축복의 샘 넘 쳐흐 르 네
C G/B D C D G
행 복 한 나의 인생 영원토록찬양하 리

133 하나님 사랑의

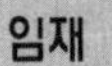

임재

작사 & 작곡 이순희

♩= 76
G Am C D D/F#
하 나님 사 랑 의 나 의 하 나 님
G Am D/F# G G/B
이 시간 기 름 부 어 나 를 사용하소 서
Fine
C D Am D/F# G D/F# G G/B
하 나님나와함께 하 시 면 나 는 모든것을 할수 있네
C G/B G D/F# C/E D/F# G
하 나님나와함께 하 시 면 세 상의어떤것도 부럽지않네
D.C

하나님의 영광이

작사 & 작곡 이순희

♩= 90

G D/F♯ Em Am D/F♯ G

하나 님의 영 - 광이 - 빛 나 는 곳 에

5 G D/F♯ Em D D/F♯ G G/D

우리 모두 영 - 원한 - 행 복 꽃 피 네

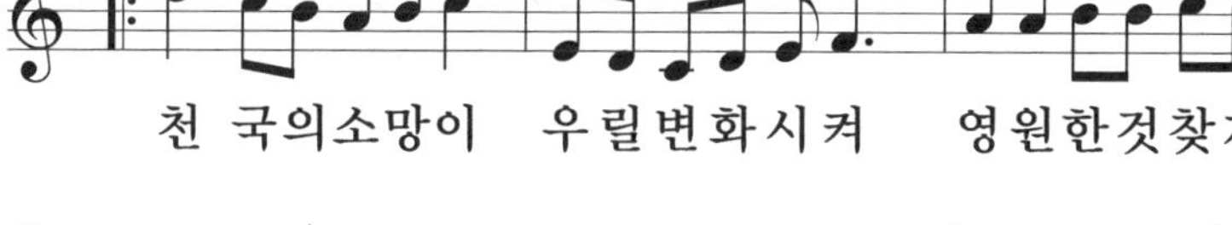
9 G Am C D Am D
천 국의소망이 우릴변화시켜 영원한것찾게하시 네

13 G Am C D Am D/F♯ G
천 국의소망이 우릴변화시켜 기름준비하게하시 네

17 G D/F♯ Em Am D/F♯ G
하늘 과땅이진동 하며 - 주 를 찬 양 해

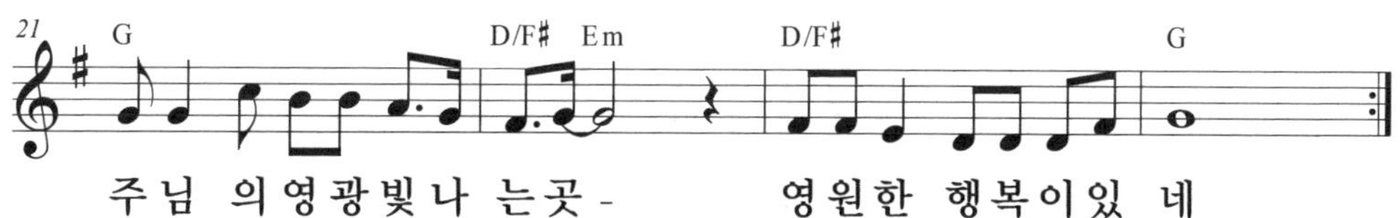
21 G D/F♯ Em D/F♯ G
주님 의영광빛나 는곳 - 영원한 행복이있 네

135 헤아릴 수 없는

사랑

작사 & 작곡 이순희
♩= 80
헤 아릴 수 없 는 주 님의 사 랑
나 보다 나 를 더 사 랑하시는주 님
한 없는주의사 랑 나 의 모든죄 사해주시 고
내 삶을인도하시 니 나는두려 움없네 나는자유 해
하나님 독생자 아낌없이 내어주 신 그크신사 랑
예수님 날위해 모진고난 당하시 고 십자가지셨 네
우 리모 두 주 의 사 랑본 받 아
이 웃사랑실천 하 여 주 의사랑전하 세

나의 목자 되신 136

작사 & 작곡 이순희

♩= 90

A E/G# A D/F# E/G#

나의목자되신 나 의 주 나의소망되신 나 의 주
나의힘이되신 나 의 주 나의생명되신 나 의 주

5 A E/G# A E/G# A A/C#

나의피난처요 나의지존자 내가주를찬양합니 다
나의반석이요 나의요 - 새 내가주를찬양합니 다

Fine

9 D A/C# E A/C# A E/G#

할 렐루야 할 렐루야 주를찬양합 니 다

13 D A/C# E A/C# A E/G# A

할 렐루야 할 렐루야 소리높여찬양합니 다

D.C

참된 믿음 137

작사 & 작곡 이순희
♩= 90
A A/C# D A/C# E D E E/G#
참된 믿음 참된 사랑 참된 기쁨으로 살아가리 -
5 A A/C# D A/C# E D E A A/C#
주님 주신 참된 기쁨 참된 만족으로 살아가리 -
Fine
9 D E A/C# E E/G# A A/C#
주 님주신행복 은 세 상것과바꿀 수없 네
13 D E A/C# E A
오 직주의지하 여 행 복하게살겠 네
D.C

A
남자

138 너희는 여호와의

시 34:8-10

작사 & 작곡 이순희
♩= 80
A D/F# A A/C# E
너희 는여호와의 선하 심을 맛보 아알지어 다
A D/F# A A/C# E E/G# A A/C#
너희 는여호와의 선하 심을 맛보 아알지어 다
D E E/G# A E D E
너 희성도 들 아 여호 와를경외하 라
D E E/G# A E D A/C# E A A/C#
그 를경외하는 자 부족 함이없 도 다
E A/C# D Bm E/G# A A/C#
젊은사자는궁핍 하여주릴지라도 여호와를찾는자 는
E A/C# D Bm A E/G# A
모든좋은것에부 족함이없으리라 부족함이없으리 라
A D/F# A A/C# E
여호 와의선하심 을맛 보아 행복한삶살아가 세
A D/F# A A/C# E E/G# A
여호 와의선하심 을맛 보아 진리안에자유하 세

당신은 사명을

작사 & 작곡 이순희

♩= 80

A Bm E/G♯ D/F♯ Bm E/G♯
당신은 사명을 발견했나요

5 A Bm E/G♯ D/F♯ E/G♯ A
사명은 그 자체가 축복이라오

10 A D/F♯ E/G♯ A E/G♯ A
하나님은모든 믿는자에게 사명을맡기셨네

15 E/G♯ E D/F♯ E/G♯ A A/C♯
충성다 해사명감당할 때에 축복허락하시네

20 D E A/C♯ D Bm E/G♯
하나님은사명 - 자위에 권능을부어주시네

24 D/F♯ E/G♯ A A/C♯ D E E/G♯ A
하나님은사명 - 자위에 열정을부어주시네

28 A Bm E/G♯ Bm7 E/G♯
나는이 제사명을 발견했다오

33 A Bm E/G♯ Bm7 E/G♯ A
천국에 상급쌓는 축복누리리

140 복을 주시기 원하네

민 6:24-26

작사 & 작곡 이순희

♩= 74
복 을 - 주시기 원하 네 나를지켜 주시고 - 평 강 - 주시 기 원하네
Fine
여호 와는 너에 게 복 을 주시기 원 하 네
너를 지켜 주 시 기 원하네 영 원 히
여 호와는 - 그 얼굴을 네 게비 추 사
은 혜베푸시기 원 하시네 사 랑의 주 님
여호 와는 그얼 굴을 네 게 로 향하여 드 사
평강 주시 기 원 하노라 할 지 니 라
D.C.

불을 부으소서

작사 & 작곡 이순희
♩= 80
불 을 부으 소 서 메마 른나의심령 에
불 을 부으 소 서 답답 한나의영혼 에
오 직성령의불 을 간 구하 오 니
뜨 겁게타오르 는 성령의불부 으소 서
뜨거운성령의불 로 굳은마음제거하시 고
타오르는심령으 로 증인된삶살게하소 서
불 을 부으 소 서 내게 성령 의불 을
나 를 사용 하 사 주의 뜻이 루소 서

142

살짝쿵

사랑

작사 김지원
작곡 이순희

♩= 90
살 짝쿵 살 짝쿵 예수님 사랑 살 짝쿵
나도 모르게 찾아 오신 사랑 살 짝쿵 사 랑
Fine
하늘에서 땅으 로 내려오신 살 짝 쿵 사 랑
나를위해 죽으 사 구원하신 살 짝 쿵 사 랑
생 명의 부활 로 나타난 영 원한 그 사 랑
연 약한 나를 사랑하시는 주의사랑살짝쿵 사랑
D.C

성령

성령의 불

143

작사 & 작곡 이순희

♩= 90
A A/C# D E D E E/G# A
성 령 의 불 성 령 의 불 내 안 에 서 타 오 르 네
A A/C# D E A/C# D E A
성 령 의 불 뜨 거 운 불 내 모 든 죄 태 우 시 네
Fine
Bm7 E/G# D/F# E/G# A
나 이 제 자 유 하 네 죄 의 결 박 끊 어 졌 네
Bm7 A E/G# Bm E/G# A
나 이 제 기 뻐 뛰 네 성 령 의 인 도 받 네
D.C

성령

성령의 불을 받아

144

작사 & 작곡 이순희

♩= 80
A E/G# A A/C# E
성 령의불을받 아 주 님의권능얻으 리
A E/G# A A/C# E E/G# A
성 령의권능받 아 땅끝까지복음전하 리
D Bm E/G# D/F# E/G# A A/C#
성 령님 내안 에 내안에서일하시 네
D Bm E/G# A E/G# A
나 이제 행복 해 주님의뜻 이루 네

A
남자

145 악하고 험한

작사 & 작곡 이순희
♩= 80
악 하고 험한 세상가운데 방황하며이리저리 헤매일때 -
전 능하 신 - 나 의 주 나를 지켜 주시 네
두려 워하 지말 라 내가너와함께하리 라
내가 너와 함께 하리 라 내가 너를붙들리 라
놀라 지말라 - 나는 네하나 님 이 되 리 라
내가 너를 굳세 게 하리라 참으로 너를도와 주 리 라
참 으로 나의 의 - 로 - 운 오른손으로 너를 붙들리 라
사 랑의 나의 주 님 께 나의 삶을 맡기 리

열매를 찾으시는

146

작사 & 작곡 이순희
♩= 80
열 매를찾으시는 나의주님께 선한열매드리기원 해
열 매를찾으시는 나의주님께 빛의열매올려드리 리
죽 어가 는 영혼들에게 주 님의사랑전하 여
주 하나 님 찬양하도록 주의복음전 하 세
하나님이애타게 찾으시는영혼들 주품에안겨드리 세
썩어가는세상에 빛과소금이되어 열매맺고살아가 세
우 리의착한행실 선한행실과 그리스도향기풍기 며
세 상에빠져있는 많은영혼들 주님께로인 도하 세

A
남자

147 우리의 인생을 운행

작사 & 작곡 이순희
♩= 80
우리 의인생 을 운행 하시는 성 령
우리 의생 각 을 다스 리시는성 - 령
성 령의 손 - 길 에 내 삶을 맡기 리
진 리의 인도 받 아 자 유를 누리 리
빛으로인도되 어 분별하며살아가 리
빛으로인도되 어 열매맺으며살리 라
거룩 한길로나아 가 성결 한삶을 살 며
정직 한길에서 서 말씀 의인도따르 리

주님께 뿌리내리세 148

작사 & 작곡 이순희

♩= 80

주 님께 뿌리내리세 살아 계신 주님 께

주 님께 뿌리내리세 심지 가견고하도 록

주 예수 안에 지혜와 지식의 모든 보화 감추 어져있 네

주 예수 안에 뿌리를 박으며 세움 받아 주를 위해살아가세

흔들리지않네 방황하지않네 주님내안에계시 니

모진고난환난 내게닥쳐와도 나는요동하지않 네

사 랑의 나의주께서 내삶 을주관하시 니

더 이상 두렵지않네 주님 께뿌리내리 세

149

주를 찾는

작사 & 작곡 이순희

♩= 80
A E/G# D/F# E/G# A
주 를찾는자에 게 그늘이 되어주시는 하나 님
5 A E/G# D/F# E/G# A A/C#
주 의날개아래 서 보 - 호 받게하시는 하나 님
9 D A/C# A A/C# E
지 치고 피곤 한 나 의영 혼 에
13 D A/C# E E/G# A
소 생과 치유 를 경 험하게하시 네
17 A E/G# A D/F# E/G# A
나 의피 - 난처 요 나의반석 나의요새 되신 - 주
21 A E/G# A D/F# E/G# A
나 를지켜주시 니 나는두려 움 - 없네 난자유 해

천국을 향해 나아가는 150

작사 & 작곡 이순희
♩= 80
천 국을 향해 나아 가는 성도 에게 주시 는 행복 -
평 강과 기쁨 을 주는 능 력 천국 소 망
영적 전쟁에서 담대히싸워 승리케하는 천 국 소망 -
참소망되 - 시는 예수와함께 천국향해나 가 리
열 매를 향한소 망 사 명을 향한소 망
내 안에 충만하 여 내 삶을 이끄시 네
나 이제 천국 소망 품고 천국 의복 을 - 누 리리 -
소 망없 는자에 게 천국 소 망 전하 리 라

A

남자

151 하나님을 가까이

약 1:6-8, 4:8

작사 & 작곡 이순희

1. 하 나 님을가까 이 하 라 너희를 가까이 하시리 라
2. 오 직 믿음으로 구 하 고 조금도 의심하 지 - 말 라
죄 인 들아손을 깨끗이하라 마음을 - 성 - 결 - 하게하 라
의 심 하는자는 바람에밀려 요동하는바닷물결 같 - 으 니
오 직믿음으로 구 하 고 조 금도 의심 하지말 라
의 심하는자 는 바 람에 밀려 요동하 는
바 - 닷물결 같 으 니 이런 사 람 은
무 - 엇이든 지 주께얻기를 생각 하지말 라
하 나 님을가까 이 하 라 두마음 버리고 주께나오라
온 맘 다해주를 사랑하 라 주님예비하신복 받으리 라

하나님을 찬양하라 152

시편 150편

작사 & 작곡 이순희

♩= 76
하나님을찬 양 하라 그의성소 에서 하나님을 찬양하 며
그의권능의 궁창 에서 그의이름 찬양 할지어 다
그 의능하신 행 동 을 찬 양 하 며
그 의지극히 위대하심을 찬 양할지어 다
나 팔 소리로 찬양하며 비파와 수금으 로
찬 양 할지어 다 소고치며 춤 추고찬양하 며
현악과 퉁소로 찬양할 지 어 다 큰 소리 나는제금으로
높 은 소 리 나는 제 - 금 - 으로 찬 양 할지어 다
호흡이 있 는자 마다 여호와를 찬양 할지어 다

A 남자

153 고난의 밤에도

작사 & 작곡 이순희

♩= 80
F♯m C♯/F F♯m Bm/D C♯ C♯/F
고 난의 밤에도 우린 기 도하 네
고 난의 밤에도 우린 노 래하 네
F♯m C♯/F F♯m C♯/F F♯m F♯m/A
날 사랑 하시는 주님 께 맡 기 고
Bm C♯7 F♯m/A Bm C♯
모 든것합력하 여 선을이루시는주 님
Bm F♯m/A C♯ D C♯/F F♯m C♯/F F♯m F♯m/A
나 보다나를더 사랑하시는주께 내인생맡겨드렸 네
Bm F♯m/A Bm C♯
하 나님 사랑이 나 를감싸주시 네
Bm F♯m/A Bm C♯ C♯/F
어 둠을 밝히는 사 랑의빛속에 서
F♯m C♯/F F♯m Bm/D C♯ C♯/F
감 사와 찬양이 가득 넘 쳐흐르 네
F♯m C♯/F F♯m C♯/F F♯m
평 안과 기쁨이 가득 넘 쳐흐르 네

고통스럽게

작사 & 작곡 이순희
♩= 80
F♯m F♯m/A Bm7 F♯m/A Bm C♯ C♯/F
고 통스럽 게 하 는 내 면의 두려 움
F♯m F♯m/A Bm7 F♯m/A C♯ F♯m F♯m/A
환 경보다 더 무 서 운 것은 두려 움
C♯ Bm7 C♯ F♯m/A C♯
생 각 의 출 - 처 가 어 둠 이라 면
C♯ Bm7 C♯ F♯m/A C♯ C♯/F F♯m F♯m/A
어 둠 을 인정하 고 내 려 놓아야하 네
Bm F♯m/A Bm7 C♯
주 - 님의 찬란한 빛 우 리의상처로인 한
Bm F♯m/A G♯° F♯m/A C♯ C♯/F F♯m
우 - 리의 병든생 각 고 쳐 주 시 네
F♯m F♯m/A Bm7 F♯m/A Bm C♯ C♯/F
오 직예 수 의 은 혜 로 가득 채울 때
F♯m F♯m/A Bm7 F♯m/A C♯ F♯m
깊 은내 면 의 상 처 치 유일 어나 네

155 꿈길을 걸어

작사 김지원
작곡 이순희

♩= 84
꿈길을 걸어 주님이 계신 은혜의 강가로 나 갔 네
맑은 물 가운데 누워 나를 보고 오라 하시는 나의 주 주
두려움 속에 망설이는 마음으로 주님의 손 잡았 네
은혜의 강물에 서 나를 깨끗케 하사 정결케 씻으시 네
더럽고 추악한 나의 모든 죄 깨끗하게 씻겨주시네
지금도 우리에게 오라 손짓하시지 만 외면하네 뿌리치네
오늘도 나의 주님 기다리시네 하염없이 시간만 흘러가네
사랑의 손길을 펼치시기 위해 - 지금도 찾고 계시 네

38
F♯m
C♯/F
C♯
F♯m/A
Bm
C♯
속히 오 라 - 말씀하시 네 천국을 준비하 신 나의 주
43
C♯/F
F♯m
C♯/F
F♯m
C♯/F
F♯m
날마 다 주님과 함께 하며달려가네 천국을향 하 여

고난이 유익이라네 156

작사 & 작곡 이순희

♩= 76
F♯m
C♯/F
F♯m
Bm/D
C♯
C♯/F
고 난이유익이라 네 주를믿는자 에 게
5
F♯m
C♯/F
F♯m
Bm/D
C♯
C♯/F
F♯m
F♯m/A
모 든것을합력하 여 선을이루시는하나 님
9
Bm
F♯m/A
C♯
Bm
C♯
주 안에 있는 자 어떤상황가운데서 도
13
Bm
F♯m/A
C♯
C♯/F
F♯m
해 를받지않 네 주님내게새힘주시 네

A
남자

157 내 영혼에 어둠의

작사 & 작곡 이순희
♩= 80
내영 혼에 어둠 의 그림자 드 리워 질 때
사랑 의나 의 - 주 회개의영 부 어주 시 네
눈 물로기도하 며 회 개 할 때 에
어 둠의그 - 림 자 사 라 져 가 네
어둠의그림자 벗겨 지는날 주님의빛에안겨 새로워지네
어둠의그림자 벗겨 지는날 죄에얽힌사슬 모두풀리네
내영 혼회개의노래 로 새로운 축 복맞이하 네
내영 혼회개의노래 로 새로운 인 생살아가 네

내적치유

내 힘과 생각으로

작사 & 작곡 이순희
♩=76
내 힘과 생각 으로 통제할수 없는모습에 좌절하며 -
우 울과 열등 감에 외로움과 고 독에신음 하는 내 영 혼
내 - 면의 고통으 로 울 부짖 으 며
괴 - 로움과 외로움 에 몸 부림 치 네
그 때나 의주 내게 능력의손 치 료의손길로다가 오 시 네
내 안의 깊은 질병치료하시고 영 혼육의자 유함 허락하셨네

159 내가 맞다 생각한 나

작사 박진호
작곡 이순희
♩= 82
내가맞다 - 생각한나 - 똑똑하다 - 생각한나 -
다해봤다 - 생각한나 - 완전하다 - 생각한나 -
하지만내게무슨 열매있나 - 주 님마음기쁘게 한적있나 -
오히려교만과욕 심만가득 - 사 망의열매만맺 고 살던나 -
감 추어 있는 더러운 죄성 숨 겨져 있는 부패한 본성
속 이고 고집 부 - 리 다가 친 구이 웃을 힘들게 한나
나 는 정말몰랐 네 내 가 제일못났 네
이 제 야깨달았 네 주 님 없인못살 아
깨 닫게하신 주의은혜 - 완악한날 - 깨뜨리시네
깨 어진만큼 얻는지혜 - 빛나는삶 - 살게하시네

보혈

보혈로 맺어진

작사 & 작곡 이순희

♩= 80
F♯m F♯m/A Bm C♯ C♯/F
보 혈로 맺어 진 영 원한 사 랑
F♯m F♯m/A C♯ C♯/F F♯m F♯m/A
우 리를 구원하 신 주 님의 은 혜
Bm F♯m/A C♯ C♯/F F♯m F♯m/A
한피받아한몸이 룬 우리들에게 서로 서로사랑하 라 말씀하시네
Bm F♯m/A C♯ C♯/F F♯m F♯m/A C♯ F♯m F♯m/A
십자가에서흘리 신 주의보혈로 우리 죄씻으시고 정 결케하셨네
C♯ Bm C♯ F♯m/A Bm F♯m/A
주 님 의핏값으 로 우리를 사신사랑의나의주님 말씀하시네
C♯ Bm C♯ F♯m/A Bm C♯ C♯/F F♯m F♯m/A
먹 든 지마시든 지 무얼하 든지 주의영광위해 살라하시네
F♯m F♯m/A Bm C♯ C♯/F
주 보혈의능력 을 전 파하 리 라
F♯m F♯m/A C♯ C♯/F F♯m
주 보혈의능력으 로 살 아가 리 라

A
남자

161 상처 입은 마음에

작사 & 작곡 이순희
♩= 76
상처 입은 마음에 손내 밀어 사랑의강을 건 너게하시네
주님 손을 잡-고 사랑 의강 건너는순간 빛나는내영혼
세 -상의 모든것 배 설물로 여겨지 네
하 -늘을 바라보며 사랑의 주님과동행하 네
내 영 혼깊은곳에 찬-양의 향기가피어나 네
내 영 혼깊은곳에 감-사의 향기가넘쳐나 네

내적치유

상처에 갇혀

162

작사 & 작곡 이순희
♩= 70
F♯m F♯m/A Bm C♯ F♯m/A C♯ C♯/F
상 - 처에 갇혀 울고 지내던 수 많은날들
F♯m F♯m/A Bm C♯ F♯m/A C♯ F♯m F♯m/A
주 - 님의 사랑 깨닫지못하고 곤 고 한 인 생
Bm F♯m/A Bm C♯
더 이상 살아 갈힘 없어 주 님께나아갔더 니
Bm F♯m/A Bm C♯ C♯/F F♯m F♯m/A
사 랑의 주님 내게오셔서 모든아픔치료하시 네
Bm F♯m/A C♯ F♯m/A F♯m C♯/F F♯m C♯/F
나를 품에 안아 주시네 내게 평안 허락하시네
Bm F♯m/A C♯ F♯m/A F♯m C♯/F F♯m C♯/F F♯m
나의 눈물 닦아 주시네 내게 기쁨 허락하시네
F♯m F♯m/A Bm C♯ F♯m/A C♯ C♯/F
주 - 님의 사랑 우리 모두를 감 싸 주 시 네
F♯m F♯m/A Bm C♯ F♯m/A C♯ F♯m
나 - 이제 주안 의참 된평 강 누 리 며 사 네

A
남자

163 십자가의 능력을

십자가

작사 & 작곡 이순희
♩= 76
십 자가의 능 - 력을 체 험하는만 큼
담 대한삶 변화 된삶 사명에 몰입한삶 살게하시네
십자가의능력으 로 주님의뜻 이루 고
십자가 의사랑으 로 주를기쁘시게하 네
십 - 자가를 의지하 면 그무엇도두렵지않 네
십 - 자가를 의지하 면 진리안에자유하 네
내 인생의 고난통해 십자 가보게하시 네
십 자가의 능력으로 사 - 명 감당하게 하 - 시네

여기저기 부딪치는

작사 & 작곡 이순희
여 기 저기부딪치 는 모난 나의모 습
교 만 하고사랑없 는 미련 한내 모 습
내 생각 과 이론 을 - 내려놓지 못하 고
하 나님 과 이웃 과 - 소통하 지 못했 네
그 - 러나 하나 님 - 치료의빛 비추 사
부 - 끄러운 내실 체 - 직면하게 하시 고
예 수 닮는삶 - 으 로 온 전 히변화되 어
그 리 스도의 - 향 기 나 타 내기 원하 네

A
남자

165 외롭고 곤고한

내적치유

작사 & 작곡 이순희
♩=76
외 롭고 곤고 한 내영혼 살 아갈 길없 어
한 없이 어둠 속 헤매며 살 아 가 네
영 적 인 갈 급 함 해 결 하 지 못 해 방 황 하 고 있 을 때
살 소 망 끊 어 져 낙 심 하 고 있 을 때 찾 아 오 신 주 님
사 랑 의 하 나 님 굳 은 내 맘 녹 이 사
생 명 의 길 진 리 의 길 로 인 도 하 시 네
나 이제 새로 운 삶으로 변 화되 었 - 네
오 직 주 님 사 랑 전 하 며 살 아 가 리

주님의 자비와

작사 & 작곡 이순희

♩= 80
F♯m C♯/F F♯m C♯/F
주님 의자 비 와 긍 휼을 품 은
F♯m C♯/F F♯m C♯/F F♯m F♯m/A
우리 의삶 - 이 세 상을 비추 네
Bm C♯ F♯m/A Bm C♯sus4 C♯
고달 픈이에게 손을내밀어 주님 의사랑을 나누며사네
Bm C♯ F♯m/A C♯ F♯m/A F♯m Bm/D C♯/F F♯m
삶의 무게에짓눌 린 자들에게 주님 의크신사랑 전하며사네
F♯m C♯/F F♯m Bm/D C♯ C♯/F
세상 의어 둠 밝히는찬양 내입술에두셨으 니
F♯m C♯/F F♯m C♯/F F♯m
나는 찬양 하 리 영 원토록찬양 해

하늘에서 맑은 물을

작사 & 작곡 이순희

♩= 80

F#m C#/F F#m C#/F

하 늘에 서 맑은물 을 내 게내려주시 네

F#m C#/F F#m F#m/A C# C#/F F#m F#m/A

모 든더러운것과 우상 숭배에 서 나 를정결케하 네

Bm F#m/A C# F#m/A Bm7 C#

새 영과새마음 내계주시고 굳은마음제거하시 네

Bm F#m/A Bm C# F#m/A C# F#m F#m/A

성 령의맑은물 나의죄씻어 말씀대로살게하시 네

Bm F#m/A Bm C#

나 이 제 거 룩 한 주 의자녀되었 네

Bm F#m/A Bm C# C#/F F#m

왕 같 은 제 사 장 거 룩한 나 라

F#m C#/F F#m Bm/D C# C#/F

어 둠에 서 빛 으 로 인 도하신나의 주

F#m F#m/A Bm C# C#/F F#m

주 의선전물되 어 많은영혼 주 께로인도하 네

해결할 수 없는

작사 & 작곡 이순희
♩= 76
해 결할수 없는 나의한계 인생의문제앞에 서
절 망하여 일어 날수없던 연약한나의영 혼
사 -랑의 하나님 나 에게찾 아 와
권 -능의 손길로 나를어루만 지시 네
능력의손길로 모든결박풀어 자 유하게 하시 네
치료의손길로 나의모든아픔 치료하여 주 시 네
나 는이제 어떠 한풍랑이 나에게찾 아와 도
전능 하신주 손길 의지하 여 담대히나아가 리

A
남자

169 길이요 진리요 생명되신

작사 & 작곡 이순희
♩= 80
Bb Cm Eb Bb/D Eb F F/A
길 이요 진리요 생명 되신 예수 그리 스 도
Bb Bb/D Eb Bb/D Eb F F/A Bb Bb/D
우 리의 삶을 자유케 하네 예수 그리 스 도
F Bb/D Bb Eb/G Bb Bb/D
끝없 는사랑으 로 우리인생뜨겁게하 네
F Bb/D Cm Eb F Bb Bb/D
예수 안에거하는 자 부족함이없 다 네
F Cm/Eb Bb/D Eb F Eb F
결핍에묶인자 상처에매인자 주앞에나아오시 오
F Cm/Eb Bb/D Eb F Eb F Bb
예수그리스도 그이름믿는자 묶임에서자유케되 네
Bb Cm Eb Bb/D Eb F F/A
길 이요 진리요 생명 되신 예수 그리 스 도
Bb Bb/D Eb Bb/D Eb F F/A Bb
우 리의 삶을 자유케 하네 예수 그리 스 도

사랑의 나의 주님 170

작사 & 작곡 이순희
♩= 80
B♭ Cm F/A B♭ F/A E♭/G F/A
사 랑의 나의주 님 능 력의 나의주 님
5 B♭ Cm F/A B♭ F/A B♭ B♭/D
내 영혼 충만하 게 채 워주 시 네
9 F B♭/D B♭ Cm F/A
성 령의강한능 력 내영혼의결박푸시 네
13 F B♭/D E♭ F F/A B♭
성 령의강한능 력 내영혼 자유케하 네
17 B♭ E♭/G F E♭ F F/A
사랑 의나의주 여 성령충만 간 구하 오 니
21 B♭ E♭/G F E♭ F F/A B♭
나의 영혼 - 위 에 성령의불 내 려주 소 서
25 B♭ Cm F/A B♭ Cm F/A E♭/G F/A
성 령불로 - 나를태 워 정 결케 하 - 시 고
29 B♭ Cm F/A B♭ Cm F/A B♭
권 능으로 - 주의사 명 감 당케 하소 서

171

성령님 내게

성령

작사 & 작곡 이순희

♩= 78
B♭ B♭/D Cm/E♭ F
성령 님 내게 뜨거 운 성령 의 불을부 으 사
5 B♭ B♭/D E♭ F F/A B♭
잠든 나 의영 깨우 고 정결 케 하여주 소 서
10 Cm B♭/D E♭ F B♭/D Cm F/A
하나 님 이시간 치료 의빛 내 게비춰주소 서
15 Cm B♭/D E♭ F B♭/D F F/A B♭ B♭/D
병든 내 영 - 혼 강건 하게 하 여주 소 서
20 F B♭/D F B♭/D F B♭/D Cm Cm/E♭ F
능 력의주 사 랑의주 치 료의주 소 망의주
24 F E♭ Cm B♭/D E♭ F F/A B♭
내 영혼강하게 붙드시 고 새 날을허락하소 서
28 B♭ B♭/D Cm F/A
주의 능 력나를붙드 사 나를 정 결케하 셨 네
33 B♭ B♭/D Cm Cm/E♭ F B♭
이제 주 영광 위하 여 나의생 명드 리 리

아무도 모르는 172

작사 & 작곡 이순희
♩= 80
아무 도모르는 나의연약함 주님 은아 시 네
누구 도모르는 나의추악함 주님 은아 시 네
나 의주 말씀 의 빛으로 내 영혼 비추 사
나 의주 더럽 고 추악한죄 발 견케 하시 네
회 개의은혜주시 사 은밀한죄 회 개케 하시 네
성 결의은혜베푸 사 나의영혼 정 결케 하시 네
이제 는주님의 사랑의손길 나는 느낄수있 네
더럽 고추한죄 떨쳐버리고 주의 뜻이 루 네

B
남자

173 영광스런 저 천국

작사 & 작곡 이순희

영 광스런- 저 천 국 주 님계 신 곳
영 광스런- 저천국 향해 달 려나 가 세
저 천국향해 달려가는자 사 명에몰입하여 상급쌓 네
영 원한천국 바라보는자 충성하고섬기며 상급쌓 네
이땅 에사는동안 천국에 상급쌓을 기회주신하 나 님
이땅 에썩을것으 로심고 영원한것 바라보며살 겠 네
욕 심교만- 내려놓 고 천 국향해가 리
욕 심교만- 내-려 놓고 달 려가 리 라

예수님 나의 영혼 174

작사 & 작곡 이순희

♩= 80
B♭ F/A E♭/G B♭ Cm E♭ F F/A
예 수님 나의영혼깨우사 - 새사람이되게하소 서
5 B♭ F/A E♭/G B♭ Cm F/A B♭ B♭/D
예 수님 나의영혼깨우사 - 진리안에자유케하소 서
9 F B♭/D F B♭/D
사 랑 의 주 위 로 의 주
13 F B♭/D E♭ F F/A B♭
치 료 의 주 능 력 의 주
17 B♭ F/A E♭/G B♭ Cm E♭ F
이 시간 나의영혼깨우사 - 새날허락하여주시 네
21 B♭ F/A E♭/G B♭ Cm F/A B♭
이 시간 나의영혼깨우사 - 행복한삶살 - 게하시 네

B
남자

175 주 안에서 항상

빌 4:4-7

작사 & 작곡 이순희
= 80
주 안 에서 항상기뻐하라 내가다시말하노니 기뻐하 라
너의관 용을 모든사람에게 알게하라주께서가 까우시니라
아 무것도 염 려하지 말 고 다만 모든일 에
기도 와간구로 너 희구할 것 을 감사 함 으로
하 나 님 께 아 뢰 라 그 리하 면
모든 지각 에 뛰 어 난 하 나님의평강 이
그 리 스도 예수안 에서 너희생각과마음지 키시리 라
모든근심걱정 주께맡 기세 기뻐하며행복한삶 살아가 - 세

준비합시다

176

작사 김지원
작곡 이순희

♩= 100
준 비합시다 준비합시다 예 수맞을준비 합 시 다
더 이상 미루지마세요 내일로 미루지마세 요
도적같이 임하 실 주님을 맞을준비합 시 다
지금깨어 일어 나 신부옷 입고 단장 합시 다
준 비합시다 준비합시다 천 국문이닫히 기 전 에
주 님이 오시기전 - 에 주님맞을준 - 비합시 다

177 참된 그리스도인은

작사 & 작곡 이순희

♩=78
B♭ E♭/G B♭/F Cm/E♭ B♭/D E♭ F F/A
참된 그리 스도 인 은 영의세계 바로아 네
5 B♭ E♭/G F Cm/E♭ F F/A B♭
영적 지식 능력 겸비하여 어둠 에속 지않 네
9 Cm F/A Cm F/A
영 의눈과귀열 어 주를보고음성듣 네
13 Cm F/A Cm F/A B♭
영 적분별력으 로 사탄에게속지않 네
17 B♭ F/A E♭/G B♭/F Cm/E♭ B♭/D E♭ F F/A
하나 님을 아는 지식으로 지혜롭고 성결하 게
21 B♭ F/A E♭/G F Cm/E♭ F F/A B♭
하나 님사 랑 이웃사랑 실천 하며 살겠 네

하나님의 능력의

178

작사 & 작곡 이순희

♩= 80
B♭ B♭/D E♭ B♭/D F C/E F
하 나님의 - 능력의손은 기도하는자를붙들 고
5 B♭ B♭/D E♭ B♭/D F F/A B♭ B♭/D
하 나님의 - 사랑의눈은 기도하는자에게머무 네
9 F B♭/D Cm E♭ F
마음속에풍랑이일 때 기도하면평안주시 고
13 F B♭/D E♭ F F/A B♭
두려움이몰려올때 에 기도하면담대해지 네
17 B♭ B♭/D E♭ B♭/D F C/E F
인생 의환난 - 이기게하는 진실한 기도의능 력
21 B♭ B♭/D E♭ B♭/D F F/A B♭
진실 한기도 - 능력기도로 기쁨넘치는삶을살리 라

179 견딜 수 없는

내적치유

작사 & 작곡 이순희
♩=76
견 딜수 없 는 수 많은 상처 를
마 음가 득 부둥켜안고 고 통중에있을 때
사랑의 주앞에 나 아와 간 절히기도했 네
주님의 따뜻한 치유의 손길 나를치료하심느끼 네
아 픔과 고통속에매여 울고있는나를감싸 며
새 로운 희망을 안겨주시 는 사랑의 나의 주
능 력의 주 를 찬 양하 리 - 라
주 의사 랑 느끼면 서 진 리안에자유 해

곤고한 내 영혼

작사 & 작곡 이순희

♩= 78
Gm D/F# Gm D/F#
곤 고한 내영 혼 외 로운 내영 혼
5 Gm D/F# Gm A° D/F# Gm Gm/D
내 인생 내맘 대로 - 살 아보려했지 만
9 Gm A° D/F# Gm Cm/E♭ D D/F#
내게남은것 슬 픔과 아 픔뿐 이 네
13 Gm A° D/F# Gm D/F# Gm
맡기지못한 내 영혼 괴로움만더해가 네
17 Gm D/F# Gm D/F#
나 이제 내영 혼 주 께맡 기 - 네
21 Gm D/F# Gm A° D/F# Gm
성 령의 인도 받아 - 참 된평강얻었 네

181 내 영혼 깊은 곳에

내적치유

작사 & 작곡 이순희
내 - 영혼 깊은 곳에 뿌리깊이숨겨진 상 처 는
말 - 씀의 빛을 받아 깨끗하고정결하게 씻 기 네
지 금까 지 상처 에 속아 원망하며헛된삶 살아왔지만
하 나님 께 나의 연약함 추악함을회개했 네
우리주의성령이 말씀의 빛을비춰 깨닫게 하 시 네
변화될수없 는 더러운 이 - 죄인 완전히 변화됐 네
이 - 제나는 더 - 이상 상 처에속지않고 살아가 네
내 - 상처는 별이 되어 주의영광나 타 내 리 라

너희가 이제 182

벧전 1:6-7

작사 & 작곡 이순희

♩= 78
너 희가이제 여 러가지 시 험 으로인 해
잠 깐 근심하게 되 지않 을 수 - 없 - 으 나
오 히려 크 게기 뻐 하 도 다
너 희 믿음의 확 실함은 불로연단하 여 도
없어질 금보다 더 귀하여 예수그리스도께 서
나타 나실 때 에 칭 찬과영 광 과
존귀 를얻 - 게 얻게 할 것 이 니 라
사 랑의주님 시 련을 통해 나 를 연단하시 네
칭찬과 영광과 존 귀를 받는 인 생 살게하시 네

B 남자

183 무너진 마음으로

내적치유

작사 & 작곡 이순희

♩= 72
Gm A° D/F♯ Gm Cm/E♭ D
무 너 진 마음으 로 살아갈 이 유 모르 고
6 Gm A° D/F♯ Gm Gm/B♭ D D/F♯ Gm Gm/B♭
막 막 한 인생앞 에 답답하 고 아 픈 내 영 혼 (무 너)
11 Cm D Gm/B♭ Cm D Gm/B♭ Cm D
현 실에 놓여 진 문제에 눈 물만흐 르 네
15 Cm D Gm/B♭ Cm D Cm D Gm
절 망의 순간 에찾아오신 사 랑의나의주 님
19 Gm A° D/F♯ Gm Gm/B♭ Cm D
고 통 의 순 간 에 하늘소 망 품게 하시 네
24 Gm A° D/F♯ Gm Gm/B♭ D D/F♯ Gm
위의 것 생각하 며 오직주위 해 살 아가 리 라

아무것도 할 수 없이 184

작사 & 작곡 이순희
♩= 76
아 무 것도 할 수 없이 무 기력한 나
우 울 감과 절 망 감에 빠 져버 렸 네
감 당할수없는 고난으로인해 그 어 떤것도 할수없었네
세 상살아갈힘 모두잃어버렸 네 처 절하게 몸부림칠때
사 -랑의 나의주님 빛 으로다가오셨 네
한 -없는 사랑 으로 상 한맘고쳐주셨 네
소망주 시고 새힘주 셨네 능 력주 셨 네
열 정 다해 땅 끝 까지 복 음전 하 리

185 어둠 속에 갇혀

내적치유

작사 & 작곡 이순희
♩= 74
어둠 속에 갇 - - 혀 헤매이던나 날 들
갈길 몰라 헤매이 며 방황하던나 날 들
마 음 깊은 곳에 서 울부짖는내 영 혼
참 만 족 얻 지 못 해 고통스런내 영 혼
상 처 로가득한 나의 영혼 아무도 나의마음 알지못해 -
외로움만 가득 쌓여 가네 상처에갇혀고통속에 헤매일때에
주 - 님의 밝은빛 나 를 감싸주시 네
주 - 님의 밝은빛 나를 치료하시 네
어둠 의그림자 떨쳐버리고 주와함께행복한길 걸 어가네
내맘 에피어난 희망의꽃은 상처 를극 복할 힘 되 네
주님 의사 랑 이 나를감싸주 시 네

37
Gm Gm/B♭ Cm D Gm
주님 의손 잡 고 행복한길걸어가 네

주님의 은혜 186

작사 & 작곡 이순희

♩= 80

Gm Gm/B♭ D Gm/B♭ Cm D

주 님의은 혜 주님의 사-랑 내게 임하소 서

5 Gm Cm/E♭ D E♭ D D/F♯ Gm

주 님의능 력 주님의 평 강 나와함께 하 소 서

9 Cm Gm/B♭ Gm D/F♯

사 랑 의 나의주 능 력 의 나의주

13 Cm Gm/B♭ Cm D D/F♯ Gm

치 료 의 나의주 나와함께하 시 네

17 Gm Gm/B♭ D Gm/B♭ Cm D

나 는이 - 제 주의능 력으로 복음 전-하 리

21 Gm Cm/E♭ D E♭ D D/F♯ Gm

나 는이 - 제 주사랑 으 로 진리안에 자 유 해

187 좁은 길 생명의 길

작사 & 작곡 이순희

♩=90
좁 은길 생명의길 넓 은길사망 의길 좁은길로 갑 시 다
인 생에 여러가지 길 이있지만 결국은 넓은길과 좁 은 길
넓 은길에 있는 자 행복하다하지 만 그 - 끝은 멸망뿐이네
넓 은길을택한 자 부 요하다하지 만
그 영혼의곤고 함 결 핍알지못하 네
넓 은길 의 끝 절망과 사망뿐이 네
넓 은길로 가는 어리석은자 이시간 좁은길로 돌 이 켜
영 원한생 명 길 거룩한길그길 로 천국향해 달려갑시다

죄의 자리에

188

작사 & 작곡 이순희

♩=76
죄 의자리에 머물러있는 나 의인생 길
아 무리채워도 허무함과공허 슬 픔뿐-이 네
무 능에빠져- 버려진 나의인생 길잃은아이처럼
슬 픔에빠져- 고통스런 무기력한 삶-을살아왔네
강 력 한 성령의불 나의죄를태워주시 네
강 력 한 성령의불 내마음을변화시키 네
이 제주님의뜻 깨달았-네 새 롭게 되었 네
죄 의자리에서 벗어났-네 진 리안에자유 해

189 하나님은 우리의

작사 & 작곡 이순희
♩= 80
Gm D/F♯ D Cm/E♭ D Cm D
하 나님은 - 우 리의죄와허물 사 해 주 시 네
Gm D/F♯ Cm D D/F♯ Gm
죄 중에 태어 난 우리 - 죄의권세이길수없 네
Gm A° D/F♯ Gm Cm/E♭ D/F♯
의 인은없 나 니 하 나도 없 네
Gm A° D/F♯ Gm D/F♯ Gm
그 러나죄의권 세 이 기신 주 님
Gm D/F♯ D Cm/E♭ D Cm D D/F♯
사 랑의주 - 능 력의주우리와 함 께 하 시 네
Gm D/F♯ Cm D D/F♯ Gm
십 자가 의능 력 으로 - 날 마다승리하리 라

하나님의 능력의 손이 190

작사 & 작곡 이순희
♩= 76
하나 님 의능력의 손이 연약 한 내영혼 붙드 사
가치 없 고연약한 자라도- 주님 의 능력의손붙들 면
보배 롭 고존 귀 한 인생으 로 역전되 네 (하나)
오 나의주 님 사 랑 의 나의주 님
오 나의주 님 기 적 의 나의주 님
능력의손으로 날붙드소서 사랑의손으로 날이끄소서
연약한내인생 주께맡기니 강력한주의손 날붙드소서
세상 이 감당못할 믿 음 굳건 한 믿음주 시- 고
오직 주 의영-광 나타내는- 삶- 을 살게하 소 서

Contents

가

가슴 벅차게	Ab	136
감사하세	E	69
강력한 치료의 빛	Ab	137
거칠게 불어오는	Gm	177
견딜 수 없는	Em	124
고난의 밤에도	Dm	98
고난이 유익이라네	Dm	100
고단한 인생길	Gm	178
고통스럽게	Dm	101
곤고한 내 영혼	Em	125
괴로운 인생	Gm	179
교만은 패망의 선봉이요	Am	12
길이요 진리요 생명되신	G	114
깊은 내면의 상처와	Gm	180
깨닫는 것이 은혜라네	Ab	138
꿈길을 걸어	Dm	99
끝없이 흐르는	Ab	139

나

나는 사랑의 주를	C	1
나의 목자 되신	F	81
나의 사랑 나의 주님	C	2
나의 앞길이	Gm	181
나의 영혼이 잠잠히	C	3
날 받으소서	Bb	164
내 영혼 깊은 곳에	Em	126
내 영혼에 어둠의	Dm	102
내 영혼에서 흘러넘치는	D	28
내 형제들아	Gm	182
내 힘과 생각으로	Dm	103
내가 괴로워 울고	Am	13
내가 맞다 생각한 나	Dm	104
내가 여호와를	E	70
너희가 이제	Em	127
너희는 여호와의	F	83
높고 높은 하늘을 향해	E	71
높고 크신 주님의	E	72
눈부신 빛으로	Eb	55
능력의 비결	D	29

다

다시 오실 예수 그리스도	E	73
당신은 사명을	F	84
두 마음의 싸움에서	Am	14
두려움과 아픔에 놓인	Bm	44

마

마음에 피어난	E	74
마음을 치료	Gm	183
마음이 성결한 자는	D	30
많은 사람들 상처에	Bb	165
멈출 수 없네	A	156
모든 사람이	C	4
목소리 높여	A	150
무너진 마음으로	Em	128
물결처럼 흐르는	D	31

바

보혈로 맺어진	Dm	105
복을 주시기 원하네	F	85
분별의 빛 비추시는	Ab	140
불을 부으소서	F	86

사

사랑으로 세상을	Ab	141
사랑의 나의 주님	G	115
사랑의 불 오 오	Eb	56
사랑의 주님이	Bm	45
사랑이 무엇인지	Eb	57
살짝쿵	F	87
상처 입은 마음에	Dm	106
상처로 가득한	Gm	184
상처에 갇혀	Dm	107
새벽이슬 같은	Eb	58
샘 곁에 머무는 나무가	A	151
생각을 공격하는	D	32
생수의 강 흘러 넘쳐	Bb	166
성령님 내게	G	116
성령님 내게 다가와	C	5
성령을 받은	Bb	167
성령의 바람	Bm	46
성령의 불	F	88
성령의 불로 다가와	D	33
성령의 불로 임하사	D	34
성령의 불을 받아	F	89
성령의 불을 붙이세	D	35
성령의 인도를 받는	Bm	47
성령의 충만함	Bb	168
성령의 폭발적인	C	6
세상 살아가는 사람	C	7
세상에 가득히	Bm	48
세상을 바라보며	Bm	49
세상이 감당 못할	A	152
십자가는 역전의 능력	C	8
십자가로 보이신	Am	15
십자가에 달리신	Am	16
십자가에서 흘리신	D	38
십자가의 능력을	Dm	108
십자가의 능력이	Am	17

아

아무것도 할 수 없이	Em	131
아무도 모르는	G	117
아무런 감정 없이	Am	18
아무리 몸부림쳐도	Bm	50
악하고 험한	F	90
어두운 인생길에	Gm	185
어둠 속에 갇혀	Em	129
어둠 속에 함몰되어	Am	19
어둠 속을 헤치고	Gm	186
여기저기 부딪치는	Dm	109
여호와께서	C	9

Contents

열매를 찾으시는	F	91
열매맺는 삶 살아가세	Bb	169
영광스런 부활의 아침	Ab	142
영광스런 저 천국	G	118
영적게으름	Am	20
영적전쟁에서	D	36
예수 안에 있는 인생	A	153
예수님 나의 영혼	G	119
예수님의 은혜	A	154
예수님이 세상을	Eb	59
오랜 세월 죄의 짐에	Am	21
온 세상이 어둠에	Gm	187
완전한 승리	A	155
외롭고 곤고한	Dm	110
우리 모두 고도의	Am	22
우리는 걸어가네	A	157
우리에게 소망을	Eb	60
우리에게 힘이 있을 때	C	10
우리의 무의식에	Gm	188
우리의 영혼을	Gm	189
우리의 인생길	D	37
우리의 인생에	Bb	170
우리의 인생을 강건케	Am	23
우리의 인생을 운행	F	92
우리의 인생을 주관	A	158
위의 것을 바라보며	Bb	171
육의 힘으로	Eb	61
이전 것은 지나갔으니	Bm	51
인생의 참된 행복은	A	159
일분일초 일분일초	Bb	172

자

자비로운 손길로	Bm	52
자비와 은혜가	Ab	143
자비와 은혜로	Bm	53
전신갑주 입고	Ab	144
전신갑주 전신갑주 입고	A	160
좁은 길 생명의 길	Em	132
죄의 무게에	Eb	62
죄의 자리에	Em	133
주 안에 있는 우리는	Bm	54
주 안에서 항상	G	120
주님 가신 길	D	39
주님 앞에 나아가는	E	75
주님께 뿌리내리세	F	93
주님의 능력	Eb	63
주님의 사랑으로	Ab	145
주님의 손길이	Am	24
주님의 위대하심을	Eb	64
주님의 은혜	Am	25
주님의 은혜	Em	130
주님의 은혜가	Eb	65
주님의 자비와	Dm	111
주를 믿는 자는	Bb	173
주를 찬양하라	D	40
주를 찾는	F	94
주를 향한 감사의 노래	Eb	66
주를 향한 열정이	Ab	146
주의 사랑 안에	E	76
주의 사랑에	D	41
주의 품에	E	77
준비합시다	G	121
지치고 상한	Am	26
지혜로운 사람은	D	42
지혜로운 성도는	Ab	147
지혜로운 자는	Ab	148
진리 안에 자유	D	43

차

찬양 우리의 모든 것	Bb	174
참된 그리스도인은	G	122
참된 믿음	F	82
천국을 향해 나아가는	F	95
천국을 향해	A	161

카

캄캄한 어둠이 드리우고	Gm	190

파

포도나무 되신	Ab	149

하

하나님 사랑의	E	79
하나님은 우리의	Em	134
하나님을 가까이	F	96
하나님을 찬양하라	F	97
하나님의 놀라운 사랑	A	162
하나님의 능력의	G	123
하나님의 능력의 손이	Em	135
하나님의 능하신 손	C	11
하나님의 사랑	Eb	67
하나님의 사랑이	E	78
하나님의 영광이	Eb	68
하나님이 내게 주신	A	163
하나님이 찾으시는	Bb	175
하늘에서 맑은 물을	Dm	112
할렐루야 주께 영광	Bb	176
해결할 수 없는	Dm	113
행복하다 생각했지만	Am	27
헤아릴 수 없는	E	80

Contents

여자키 | 코드순

C

나는 사랑의 주를	C	1
나의 사랑 나의 주님	C	2
나의 영혼이 잠잠히	C	3
모든 사람이	C	4
성령님 내게 다가와	C	5
성령의 폭발적인	C	6
세상 살아가는 사람	C	7
십자가는 역전의 능력	C	8
여호와께서	C	9
우리에게 힘이 있을 때	C	10
하나님의 능하신 손	C	11

Am

교만은 패망의 선봉이요	Am	12
내가 괴로워 울고	Am	13
두 마음의 싸움에서	Am	14
십자가로 보이신	Am	15
십자가에 달리신	Am	16
십자가의 능력이	Am	17
아무런 감정 없이	Am	18
어둠 속에 함몰되어	Am	19
영적게으름	Am	20
오랜 세월 죄의 짐에	Am	21
우리 모두 고도의	Am	22
우리의 인생을 강건케	Am	23
주님의 손길이	Am	24
주님의 은혜	Am	25
지치고 상한	Am	26
행복하다 생각했지만	Am	27

D

내 영혼에서 흘러넘치는	D	28
능력의 비결	D	29
마음이 성결한 자는	D	30
물결처럼 흐르는	D	31
생각을 공격하는	D	32
성령의 불로 다가와	D	33
성령의 불로 임하사	D	34
성령의 불을 붙이세	D	35
영적전쟁에서	D	36
우리의 인생길	D	37
십자가에서 흘리신	D	38
주님 가신 길	D	39
주를 찬양하라	D	40
주의 사랑에	D	41
지혜로운 사람은	D	42
진리 안에 자유	D	43

Bm

두려움과 아픔에 놓인	Bm	44
사랑의 주님이	Bm	45
성령의 바람	Bm	46
성령의 인도를 받는	Bm	47
세상에 가득히	Bm	48
세상을 바라보며	Bm	49
아무리 몸부림쳐도	Bm	50
이전 것은 지나갔으니	Bm	51
자비로운 손길로	Bm	52
자비와 은혜로	Bm	53
주 안에 있는 우리는	Bm	54

Eb

눈부신 빛으로	Eb	55
사랑의 불 오 오	Eb	56
사랑이 무엇인지	Eb	57
새벽이슬 같은	Eb	58
예수님이 세상을	Eb	59
우리에게 소망을	Eb	60
육의 힘으로	Eb	61
죄의 무게에	Eb	62
주님의 능력	Eb	63
주님의 위대하심을	Eb	64
주님의 은혜가	Eb	65
주를 향한 감사의 노래	Eb	66
하나님의 사랑	Eb	67
하나님의 영광이	Eb	68

E

감사하세	E	69
내가 여호와를	E	70
높고 높은 하늘을 향해	E	71
높고 크신 주님의	E	72
다시 오실 예수 그리스도	E	73
마음에 피어난	E	74
주님 앞에 나아가는	E	75
주의 사랑 안에	E	76
주의 품에	E	77
하나님의 사랑이	E	78
하나님 사랑의	E	79
헤아릴 수 없는	E	80

F

나의 목자 되신	F	81
참된 믿음	F	82
너희는 여호와의	F	83
당신은 사명을	F	84
복을 주시기 원하네	F	85
불을 부으소서	F	86
살짝쿵	F	87
성령의 불	F	88
성령의 불을 받아	F	89
악하고 험한	F	90
열매를 찾으시는	F	91
우리의 인생을 운행	F	92
주님께 뿌리내리세	F	93
주를 찾는	F	94
천국을 향해 나아가는	F	95
하나님을 가까이	F	96
하나님을 찬양하라	F	97

Contents

여자키 | 코드순

Dm

고난의 밤에도 Dm 98
꿈길을 걸어 Dm 99
고난이 유익이라네 Dm 100
고통스럽게 Dm 101
내 영혼에 어둠의 Dm 102
내 힘과 생각으로 Dm 103
내가 맞다 생각한 나 Dm 104
보혈로 맺어진 Dm 105
상처 입은 마음에 Dm 106
상처에 갇혀 Dm 107
십자가의 능력을 Dm 108
여기저기 부딪치는 Dm 109
외롭고 곤고한 Dm 110
주님의 자비와 Dm 111
하늘에서 맑은 물을 Dm 112
해결할 수 없는 Dm 113

G

길이요 진리요 생명되신 G 114
사랑의 나의 주님 G 115
성령님 내게 G 116
아무도 모르는 G 117
영광스런 저 천국 G 118
예수님 나의 영혼 G 119
주 안에서 항상 G 120
준비합시다 G 121
참된 그리스도인은 G 122
하나님의 능력의 G 123

Em

견딜 수 없는 Em 124
곤고한 내 영혼 Em 125
내 영혼 깊은 곳에 Em 126
너희가 이제 Em 127
무너진 마음으로 Em 128
어둠 속에 갇혀 Em 129
주님의 은혜 Em 130
아무것도 할 수 없이 Em 131
좁은 길 생명의 길 Em 132
죄의 자리에 Em 133
하나님은 우리의 Em 134
하나님의 능력의 손이 Em 135

Ab

가슴 벅차게 Ab 136
강력한 치료의 빛 Ab 137
깨닫는 것이 은혜라네 Ab 138
끝없이 흐르는 Ab 139
분별의 빛 비추시는 Ab 140
사랑으로 세상을 Ab 141
영광스런 부활의 아침 Ab 142
자비와 은혜가 Ab 143
전신갑주 입고 Ab 144
주님의 사랑으로 Ab 145
주를 향한 열정이 Ab 146
지혜로운 성도는 Ab 147
지혜로운 자는 Ab 148
포도나무 되신 Ab 149

A

목소리 높여 A 150
샘 곁에 머무는 나무가 A 151
세상이 감당 못할 A 152
예수 안에 있는 인생 A 153
예수님의 은혜 A 154
완전한 승리 A 155
멈출 수 없네 A 156
우리는 걸어가네 A 157
우리의 인생을 주관 A 158
인생의 참된 행복은 A 159
전신갑주 전신갑주 입고 A 160
천국을 향해 A 161
하나님의 놀라운 사랑 A 162
하나님이 내게 주신 A 163

Bb

날 받으소서 Bb 164
많은 사람들 상처에 Bb 165
생수의 강 흘러 넘쳐 Bb 166
성령을 받은 Bb 167
성령의 충만함 Bb 168
열매맺는 삶 살아가세 Bb 169
우리의 인생에 Bb 170
위의 것을 바라보며 Bb 171
일분일초 일분일초 Bb 172
주를 믿는 자는 Bb 173
찬양 우리의 모든 것 Bb 174
하나님이 찾으시는 Bb 175
할렐루야 주께 영광 Bb 176

Gm

거칠게 불어오는 Gm 177
고단한 인생길 Gm 178
괴로운 인생 Gm 179
깊은 내면의 상처와 Gm 180
나의 앞길이 Gm 181
내 형제들아 Gm 182
마음을 치료 Gm 183
상처로 가득한 Gm 184
어두운 인생길에 Gm 185
어둠 속을 헤치고 Gm 186
온 세상이 어둠에 Gm 187
우리의 무의식에 Gm 188
우리의 영혼을 Gm 189
캄캄한 어둠이 드리우고 Gm 190

Contents

내적치유

거칠게 불어오는 Gm 177
견딜 수 없는 Em 124
고단한 인생길 Gm 178
고통스럽게 Dm 101
곤고한 내 영혼 Em 125
괴로운 인생 Gm 179
깊은 내면의 상처와 Gm 180
나의 앞길이 Gm 181
내가 괴로워 울고 Am 13
내 영혼 깊은 곳에 Em 126
내 힘과 생각으로 Dm 103
두려움과 아픔에 놓인 Bm 44
마음을 치료 Gm 183
무너진 마음으로 Em 128
상처로 가득한 Gm 184
상처에 갇혀 Dm 107
아무런 감정 없이 Am 18
어두운 인생길에 Gm 185
어둠 속에 갇혀 Em 129
어둠 속에 함몰되어 Am 19
여기저기 부딪치는 Dm 109
외롭고 곤고한 Dm 110
죄의 무게에 Eb 62
지치고 상한 Am 26
해결할 수 없는 Dm 113
행복하다 생각했지만 Am 27

감사절

감사하세 E 69

보혈

보혈로 맺어진 Dm 105

사랑

사랑의 불 오 오 Eb 56
사랑의 주님이 Bm 45
살짝쿵 F 87
하나님의 사랑 Eb 67
헤아릴 수 없는 E 80

성령

불을 부으소서 F 86
새벽이슬 같은 Eb 58
성령님 내게 G 116
성령님 내게 다가와 C 5
성령의 바람 Bm 46
성령의 불 F 88
성령의 불로 다가와 D 33
성령의 불로 임하사 D 34
성령의 불을 받아 F 89
성령의 불을 붙이세 D 35
성령의 인도를 받는 Bm 47
성령의 충만함 Bb 168
성령의 폭발적인 C 6

십자가

십자가는 역전의 능력 C 8
십자가에 달리신 Am 16
십자가에서 흘리신 D 38
십자가의 능력을 Dm 108
십자가의 능력이 Am 17

영적전쟁

교만은 패망의 선봉이요 Am 12
생각을 공격하는 D 32
영적전쟁에서 D 36

임재

하나님 사랑의 E 79

전도

마음이 성결한 자는 D 30
멈출 수 없네 A 156
사랑으로 세상을 Ab 141
사랑이 무엇인지 Eb 57
지혜로운 자는 Ab 148
하나님의 놀라운 사랑 A 162

찬양

나는 사랑의 주를 C 1
주를 찬양하라 D 40
찬양 우리의 모든 것 Bb 174

사순절

십자가로 보이신 Am 15

부활

영광스런 부활의 아침 Ab 142

찬양
나는 사랑의 주를
1
C
여자
작사 & 작곡 이순희
♩= 76
나 는 사랑의주를 찬양합니다 나 는 사랑의주를 의지합니다
내 생명되신주님을 날마다찬양하며 주 안의행복누리며 살기원하네
믿 음의 선한싸 움 싸 워승리하 여
주 님의 크신사 랑 전 하며살기 원하 네
나 는 능력의주를 찬양합니다 내 영혼깊은곳에서 찬양합니다
내 생명되신주님을 날마다찬양하며 주 안의행복누리며 살기원하네

2 나의 사랑 나의 주님

작사 & 작곡 이순희

♩= 80
C G/B F/A G G/B
나의 사랑 나의 주님 내려놓으라하시 네
5 C G/B F/A C G/B C C/E
나의 마음 나의 생각 모두버리고 맡 기라하시네
9 G C/E F C/E F G
나이 제모든것 내려놓고 주 만바라보 네
13 G C/E F C/E F G G/B C C/E
나의 마음과뜻 힘을다해 하나님만사랑하 리
17 G C/E G C/E F C/E F C/E G
나의영혼아 깨어일어나 주만 바라보아 라
21 G C/E G C/E F C/E F C/E G G/B C
나의영혼아 깨어일어나 주만 의지하여 라
25 C G/B F/A G G/B
나의 사랑 나의 주님 내게평안을주시 네
29 C G/B F/A C G/B C
나의 마음 나의 생각 모두버리고 주 만따라사네

나의 영혼이 잠잠히 3

C
여자

시 62:1–2

작사 & 작곡 이순희
♩= 86
나 의 영 혼이 잠 잠 히 하나 님 만바람이 여
나 의 구 원이 그에 게 서 나 - 오 는도 다 다
Fine
오 직 그 만이 나 의 반 석 나의 구 원 나 의 요 새시 니
내 가크게흔들 리 지 아 니 하 리 로 다
나의구원과영광 이 하나님께있음이 여
내힘의반석과 피난처도 - 하나님께 있도 다
나 - 의반 석 나 - 의구 원
나 - 의요 새 시 니 흔 들리지않 네
D.C

4 모든 사람이

작사 & 작곡 이순희

♩=76
모든 사 람이 죄를 범하였으니 하나님의 영광에이르지 못하였네
의인 은 없나니- 하나도없네 인생은누구나죄중에태어 나
죄가 만 든상처에매일 수밖에없 네 죄 의지배아래 있는 사람은
영 혼의상처- 육 체의상처- 관 계의 상 처
인 생의상처에 매여 괴롭고 힘든 삶을 산다 네
오직 예 수그 리스 도의십자가 능력만이 모든죄깨끗케 하시고
영혼 육 의질병- 치료하시네 나이제주안에자 -유누리 네

성령

성령님 내게 다가와

5

C
여자

작사 & 작곡 이순희

♩= 80
C Dm C/E F G G/B
성 령님 내게 다가와 나를 감싸 시 네
C Dm C/E G G/B C C/E
성 령님 나를 인도해 열매 맺게 하시 네
F G F G F/A G
친 히 우리의 연약 함을 도와주시는 성 령
F G F G F/A G/B C
말 할수없는 탄식 으로 나를위해간구하시 네
C Dm C/E F G G/B
진 리의 성령 하나님 나를 도우 시 네
C Dm C/E G G/B C
진 리의 성령 하나님 나를 인도 하시 네

6 성령의 폭발적인

성령

작사 & 작곡 이순희
♩= 80
성 령 의 폭발적인 크 신 권 - 능 이
뜨 거 운 성령이여 내 게 임하 소 서
내 - 안 의 견고한진 무 너 뜨 리 네
내 모 든 죄 태우시고 사 용 하 소 서
Fine
성 령의 폭 발 적 인 크 신 권 능 은
강 력한 죄의 결박 끊어 우 릴 변화시키 네
뜨거운 성령의능 력 죄와상처 에 빠진영혼깨우 고
뜨거운 성령의능 력 닫힌눈과 귀 열어하나님과 교제하게하시네
따뜻 한성령의 능력 상처입은 내영혼치 료하 고
따뜻 한성령의 능력 주의사랑 전하며살게하시 네
D.C

세상 살아가는 사람

7

작사 & 작곡 이순희

♩= 80
세상 살 아가는사 람 육신 의 정욕따라살아 가네
세상 살 아가는사 람 안목 의 정욕따라살아 가네
세상 살 아가는사 람 이생 의 자랑따라살아 가네
그 -러나 육신의 정욕 안목의 정욕 이생의 자랑은
하 -나님께 로부터 온것아니 요 세상으로 부터온것이니
우리모두 세상 줄 내려놓고 진리의말씀안에 거하세
세상의헛 된소 망 내려놓고 진리의말씀에 순종하 세
하나 님 의진리의말 씀 말씀 은 세세토록있 - 도다
말씀 위 에굳게서 리 진리 의 말씀나를자유 케해

8 십자가는 역전의 능력

십자가

작사 & 작곡 이순희

♩= 80
십 자 가 는역전의능 력 가난 을 부요 함으 로
고난 을 유익 으 - 로 내삶 을 역전 시키 네 네
아 무리 강한 자 라 도 십자가를모 르 면 분별 하 지못 해
아 무리 약한 자 라 도 십자가를붙 들 면 가장 지 혜롭 고
미련하 고 어리석게산 다 네 살 - 게 - 된 다 네
담대한 삶
십 자 가 주님의십자 가 강 한 권 능의 십 자 가
십 자 가 의크신능 력 이 내 삶 을 역전 시 키 네

C
여자

여호와께서 9

사 44:22

작사 & 작곡 이순희

♩= 80
여호 와 께서 나를 지켜 보호 한다 말씀하시 네
내가 네 허물을 빽빽 한구름같이 네죄를안개 같 이
없이 하 였 으 니 너는 내 게로돌아 오 라
내가 너 를 구속 하 였 음이라 말 씀하 시 네
나 - 이제 주께돌아가네 모 든욕심버리 고
나 - 이제 모든것을배설물로 여기고 주께돌아 가네
진정 나는 자유해 나는 행복해 주와함께걷는인생 길
세상 어떤 것과도 바꿀 수없네 주예수와함께하는 삶
여호 와 께서 나를 지켜 보호 하시네 내허물 을
빽빽 한 구름같이 내죄 를안개같이 사라지게 - 하셨 네

10 우리에게 힘이 있을 때

고전 15:42-44

작사 & 작곡 이순희

우 리 에 게 힘 이 있 을 때 생 명 이 있 을 때
기 회 가 있 을 때 천 국 에 상 급 쌓 기 위 해 기 름 준 비 합 시 다
회 개 함 으 로 구 원 을 얻 고 천 국 을 준 비 하 세
영 혼 구 원 에 힘 을 쓰 면 서 복 음 증 거 하 세
썩 을 것 으 로 심 고 썩 지 않 을 것 으 로 욕 된 것 으 로 심 고
영 광 스 런 것 으 로 약 한 것 으 로 심 고 강 한 것 으 로
육 의 몸 으 로 심 고 신 령 한 몸 으 로 살 아 나 네
육 의 몸 이 있 을 - 때 영 의 몸 도 있 다 네
육 의 몸 있 을 때 기 름 준 비 - 기 름 준 비 합 시 다

하나님의 능하신 손

11

C
여자

작사 & 작곡 이순희
♩= 80
하 나님의- 능 하신손 아래서 겸손 하 라
때 가되면- 너 희-를 높 이시 리 라
너희염려를 다 주께맡기라 이는주가너희를 돌보심이라
하나님교만한자 물리치시고 겸손한자에게은 혜베푸시네
교 -만은 패망의선봉이요 넘어짐의앞잡이니 라
겸 -손으로 무장하여 주님의 동역자로살기원하 네
우 리모두- 주안에서겸손으 로 무 장 하 여
하 나님과- 동 행하며 살 아가 리 라

12 교만은 패망의 선봉이요

영적전쟁

잠 16:18

작사 & 작곡 이순희
♩=90
교만 은패망의 선봉이요 거만 한 마음 넘어짐 의앞잡이
모든 죄악의어머 니 - 교만 하나 님 교만 한자 물리치시고
겸 손한 자에 게 은 혜베푸 시 네
깨닫 는것 이 은혜 라 네 인생의 문제는 깨달음의문제
존귀 하나 깨닫 지 못하는 자 멸망하는짐승같도 다
우 리모 두 깨닫고 겸손으로 무장 하기위 해
완 고한 고집을 꺾고주앞 에 나아 갑시 다
패망 의선 봉 교만을 물리치고 겸손한 마음으 로 무장하여
성령 의은 혜로 충만받아 주님 의 뜻이 루며 살아가 세

내적치유

내가 괴로워 울고

13

C
여자

작사 & 작곡 이순희
내 가괴로워 울고있을때 처 절하게무너 져 내릴때
모 든사람날 외면할때에 위 로받지못할 때
사 랑 의주- 위로하시네 나를안아주시 네
나 의 아픔- 만져주시네 내 눈물닦아주시 네
오 직나 의 주 주님만이 나 의생 명
주 님함께하시 니 근심걱정 떠나 가 네
주 를주인으로 모시고사니 고난 이별이되어 빛이나 네
주 의사랑나를 품어주시니 나 는이제행 복 해

14 두 마음의 싸움에서

작사 & 작곡 이순희
♩=78
두마 음의싸움에 서 승리 하지못한성 도 - 는
육의 생각정욕에 이 끌려- 방황하는삶 산다 네
두 마음의싸움 에서 승리하 지 못한성 도 는
깊 은영적전쟁 들어가 싸울때 절 망 하 여
때 론 포기 하고 싶은 마음 들기도 하 지 만
자신을 부인 하고 예수의소망 을 붙들어야하 네
이제 두마음의싸 움에서 승리 하여영의생 각품 어
나는 죽고예수로 사 - 는 주님의 일 꾼되 리 라

십자가로 보이신

작사 & 작곡 이순희
♩= 74
십자 가 로보이신 예 수 그리스 도의 희생과 겸 손
십자 가 로보이신 주 의 사랑과 열정 과고난과죽 음 음
십자가은혜의 깊 이는 - 부활의영광의크 기
그십자가위에 나도죽고 - 예수로살기원 해
십 - 자가 를 사랑 하 여 부활의 열매맺 고
십 - 자가 만 자랑 하 며 담대하게 복음전하세
비방 자 폭행자박해 자 였던 나 - 를 깨끗 하게하 시 고
내게 사 명주시네 십자가로 모든것 뛰어 넘게 - 하 시 네

16 십자가에 달리신

십자가

작사 & 작곡 이순희

♩= 80
십 자가에달리신 우 리예 수 님
내 죄사해주셨 네 나 를구원하셨 네
이 죄인구하시 려 십자가 의모진고난 당 하셨네
그 십자가붙들 고 새로운삶살아가 네
보 혈 의 능력으로 모든죄 씻음받 고
자 유 함 얻었으 니 주님의 동역 자되 리
주 님의놀랍고 크신사 랑 세 상에전파하리 라
예 수를닮은삶 살아가 며 성 령의열매 맺으 리

십자가

십자가의 능력이

17

C
여자

작사 & 작곡 이순희
♩= 80
Am Am/C Dm E E/G♯
십 자가의능력 이 우 리를구원시키 네
5 Am Am/C Dm E/G♯ Am Am/C
주 님의크신사 랑 우 릴변화시키 네
9 E Dm E E/G♯ Am Dm/F E/G♯
사망권세이기고 부활하신주 십자가의모든고난 당하신 주
13 E Dm E E/G♯ Am Dm/F E/G♯ Am
십자가의보혈로 모든문 - 제 해결하여주 신 사랑의 주
17 E F E Dm E
그 보혈의 능력 으 로 우 리의죄와허물 사해주셨네
21 E Am/C E Dm E E/G♯ Am
나 이제십자 가의능력으 로 자유하며살아 가 네
25 Am Am/C Dm E E/G♯
나이 제십자가에 서 흘 리신주의보혈 로
29 Am Am/C Dm E Am
모 든죄씻음받 고 열 매맺고살아가 네

18 아무런 감정 없이

내적치유

작사 & 작곡 이순희

아 무런 감정 없이 무감 각에 빠 져
고 난의 긴터 널을 지나 가고 있 네
우울 한삶 속에 서 소망 없는 날 들
사랑 의주 님께 서 나에 게다 가 와
회 복 과치 유 새 삶을 허 락하 시 고
내 영 혼꽃이 피 듯이 피 어나게되었 네
나 이제 살아 났네 하나 님을 느끼 네
기 쁨의 찬송 부르며 행복 하게 사 네

어둠 속에 함몰되어

작사 & 작곡 이순희

♩= 80
Am Am/C Dm E
어 둠 속 에함몰되 어 고 통당 할 때
6 Am Am/C Dm E Am Am/C
나 의 주 님마음의 문 두 드리 시 네 (어둠)
11 E E/G♯ Am Am/C Dm E
마 -음의 문 열 고 주 를모셔들이 니
15 E E/G♯ Am Am/C E E/G♯ Am Am/C
모 -든결박 푸 시 고 나 를자유케하 네
19 E Dm Dm/F E F E E/G♯ Dm/F Dm E
주사랑나의맘에 가득넘 치네 내안에은혜의강 흘러넘치네
23 E Dm Dm/F E F E E/G♯ Dm/F E/G♯ Am
내영혼크신은혜 바 - 다 에서 기 뻐기 뻐 춤추 네
27 Am Am/C Dm E
주 님 의 오른 손 이 날 이끄 시 네
32 Am Am/C Dm E Am
주 와 함 께동행하 며 복 음전 하 네

20 영적게으름

작사 & 작곡 이순희
♩=76
영 적게 으 름 내영 혼 깊은잠에빠지게하 네
영 적나 태 함 내마 음 더 굳어지게하 네
나의주님 내게 말씀하셔도 듣지 못 하 고
나의주님 빛을 비춰주셔도 보지 못 하 네
아 아 잠든내 영혼 어둠에 잠겨 갈 때
아 아 탄 식 하며 두려움에 빠져갈 때
능 력의손 나를일으켜 깨 워 주 셨 네
나 의주님 나의영혼을 빛으로 채워주셨 네
나 이제 영 적 잠에 서 깨어나빛을 - 발하 리
성 령의권능받 아 열정 의 불 붙여복음전하 리

오랜 세월 죄의 짐에

21

C
여자

작사 & 작곡 이순희
♩=76
Am E/G# Am Am/C Dm E E/G#
오 랜세 월 죄의 짐 에 묶여살 던인 생
Am E/G# Am Am/C Dm E Am Am/E
죄 의무 게 는 인생 을 짓 눌러절망케 했 네
Am E/G# Dm/F E Dm E E/G#
죄의짐감 당 할수 없어 고 통의눈물만 흐를때
Am E/G# Am Dm/F E/G# Am Am/C
주예수빛으로 다 가 와 나 에게말씀하셨 네
E Am/C Dm Am/C E
수 -고하 고 무거 운 모든짐 맡겨 라
E Am/C Dm Am/C E Am
주 -님내 게 맡김 의 비 결깨닫게하시 고
Am E/G# Am Am/C Dm E E/G#
믿 음과 소망과 기쁨 으 로 살게하 시 - 네
Am E/G# Am Am/C Dm E Am
이 제나 는 모든 짐 내려놓고자유하리 라

22 우리 모두 고도의

작사 & 작곡 이순희
♩= 80
우 리모두 - 고도 의영 적 분 별력 가지 고
참 진리와 - 비진 리선과악 분 별하 여
겸손 으로 포장 된 교만 - 분별 하여 물리치 고
열정 으로 포장 된 욕심 - 분별 하여 물리치 고
섬 김으 로 포장된 자기의 분별하여물리치 고
집 착으 로 포장된 병든사랑 분별하여물리치 세
우 리모두 - 고도 의영 적 분 별력 가지 고
참 진리와 - 비진 리선과악 분별하여승리 하 세

우리의 인생을 강건케 23

C
여자

작사 & 작곡 이순희
우 리 의 인 생 을 강 건 케 하 는 믿 음 의 능 력
믿 음 에 강 권 된 자 위 대 한 기 적 을 체 험 하 네
불 신 에 붙 들 린 자 의 심 과 두 려 움 에 갇 히 게 되 네
사 랑 에 강 권 된 자 하 나 님 상 속 자 로 세 워 지 고
의 심 에 함 몰 된 자 고 아 와 같 이 살 게 된 다 네
성 도 는 믿 음 의 능 력 과 사 랑 을 구 할 때
요 동 치 않 는 주 의 자 녀 로 서 존 귀 한 삶 을 사 네
거 룩 한 갈 망 으 로 하 나 님 나 라 를 구 함 으 로
차 고 넘 치 는 복 을 누 리 며 행 복 한 삶 을 사 네

24 주님의 손길이

작사 & 작곡 이순희

♩= 80
Am Dm/F Am/E E Dm E
주 님의 손 길이 나 를감 싸 네
5 Am Dm/F Am/E E Dm E E/G# Am
우 리의 손 길이 세 상감 싸 네
Fine
9 Am E/G# Am E/G# E Dm E E/G#
주의사랑 베푸는 우리의손길 온세상에희망을 전파하 네
13 Am E/G# Am E/G# E Dm E E/G# Am
헌신과충성으로 영광돌리며 우릴통해찬양이 울려퍼지네
D.C

25 주님의 은혜

작사 & 작곡 이순희

♩= 76
Am Am/C Dm Dm/F E
주 님의 은 혜 내 게허락하소 서
Am Am/C Dm Dm/F E/G# Am /C
끝 없 는 사 랑 내 게부어주소 서
E Dm Am/C Dm /F E
그 놀 라운 사랑으로 충 만하게하소 서
E Dm Am/C Dm E Am
하 나님사랑 이웃 사랑 실 천하게하소 서

지치고 상한

작사 & 작곡 이순희

♩= 76
지 치고상 한 내 영 혼 무 너진나의인 생
살 소망전혀없어 두 눈 에 눈 물만흐 르 네
주 님을 찬양하며 행복하 게 살기원했지 만
염 려와 걱정에싸여 두려 움에 빠져버 렸 네
긍 휼이풍성하신 나 의 주 사 랑이풍성하신 나 의 주
숨 죽여울고있는 나 의 신음소리들으시 고
조 용히다 가 와 사랑의 손길로 안아주시 네
나 이제주님만 찬양하 며 행 복을외 - 치 리
새 롭고소망넘치 는 삶 을 살 아 - 가 리 라

27 행복하다 생각했지만

내적치유

작사 & 작곡 이순희
♩= 80
Am Am/C B° Dm E E/G♯
행복하 다생각했지 만 불행한 나의 인 생
6 Am Am/C B° E/G♯ Am
참된자 유누리지못 해 갇혀있 는내 영 혼
11 Am/C E F Am Am/C E
주를 찾 기 원하지 만 방 법을알지못 해
16 E/G♯ Dm/F Am E/G♯ Am Am/C
날마 다 뜨거운 눈물 로 하루하루살아가 네
21 E Dm Am/C Dm Am/C Dm E
사랑의나의주님 내영혼불쌍히 여 기시 고
25 E Dm Am/C Dm Am/C Dm E E/G♯ Am
따뜻한주의사랑 한없는주의은혜 부 어주 소 서
29 Am Am/C B° Dm E E/G♯
놀라운 회복의역 사 보여주 시는주 님
34 Am Am/C B° E/G♯ Am
내영혼 주안에서 참행복 참평 안 누리 며사 네

내 영혼에서 흘러넘치는 28

작사 & 작곡 이순희
♩= 90
내 영혼에서 흘러넘치는
알수없는 참된기쁨 참된행복 참된평강
주님주신기쁨이라 네 주님주신평강이라 네
내 안에하나님나 라 이루어졌 네 의와평강 희락넘치네
주 -님의 사 랑 이 나 를강권하시 네
성 -령의 능 력 이 나 를인도하시 네
빛 의열 매 를 맺 으며 사 네
모든착함 과의로 움 진실함의 열매맺 네

D
여자

29 능력의 비결

작사 & 작곡 이순희
♩= 90
능력 의비결 자유 의비결 기쁨 의비 결은 내려 놓음
안식 의비결 형통 의비결 승리 의비 결은 내려 놓음
육을내려놓은만 큼 영이깨어 나 고
나를내려놓은만 큼 성령의인도받 네
사 -라질 세상 을향한집착 모 두내려놓 고
위 -의것을 찾는 지혜로운삶 살 아갑-시 다
최상 의부요 능력 누리는 비결 은나를내려 놓-는것
능력 의비결 자유 의비결 주만 의지 하는 것이 라네

전도

마음이 성결한 자는

작사 & 작곡 이순희

♩=90
D Em D A/C# D
마음 이성결한자 는 빛가 운데 거하 여
5 D Em A/C# G/B A/C# D
어둠 을물 리치 고 승리 하며 산다 네
9 D D/F# G G/B
성 결한 자 는 하나님과친밀하 여
13 D D/F# G A A/C# D D/F#
주 가주 신 능력으 로 주의사랑나타낸다 네
17 A D/F# G D/F# D Em A/C#
우리 모두 정직 하고 성결한마음으 로
21 A D/F# G D/F# D A/C# D
아름 답고 깨끗한손과 거룩한생각으 로
25 D Em D A/C# D
주의 능력나타내 어 세상 에빛을발하 세
29 D Em A/C# G/B A/C# D
땅끝 까지 복음으 로 충만 하게 채우 세

D
여자

31 물결처럼 흐르는

작사 & 작곡 이순희

♩= 90
D A/C♯ D A/C♯ D
물결 처럼 흐르 는 기 쁨의 노 래
5 D A/C♯ A A/C♯ D
하늘 이맑은미소 로 나 를맞이하 네
9 D D/F♯ G D/F♯
맑 은햇살가운 데 임 하시는성 령
13 D D/F♯ G A A/C♯ D
내 영혼 - 빛으 로 가 득채워지 네
17 D A/C♯ D A/C♯ Em A/C♯
나는 행복해 나는 자유해 내영혼에빛이임하 니
21 D A/C♯ D A/C♯ D
나는 행복해 나는 자유해 성결한삶살아가겠 네

생각을 공격하는

작사 & 작곡 이순희

♩=76

D Em A/C♯ G/B A/C♯ D

생각을 공격하 는 어둠의 - 영 물리치고 내생 각
마음을 공격하 는 사탄의계략 물리치고 능력 의

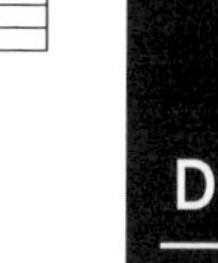
D
여자

5
D Em A/C♯ G/B A/C♯ D D/F♯
주님께 내어드 려 진리안 - 에 자유하게 살리 라
기쁨의 찬양드 려 진리안 - 에 자유하게 살리 라

9
G A G A D/F♯
입 술을 공격 하는어둠의영 물리치고능력의 찬양부르세

13
G A G Em A/C♯ D
승 리의주나를 주관하 시니 패배의식물리치고 승리 하세

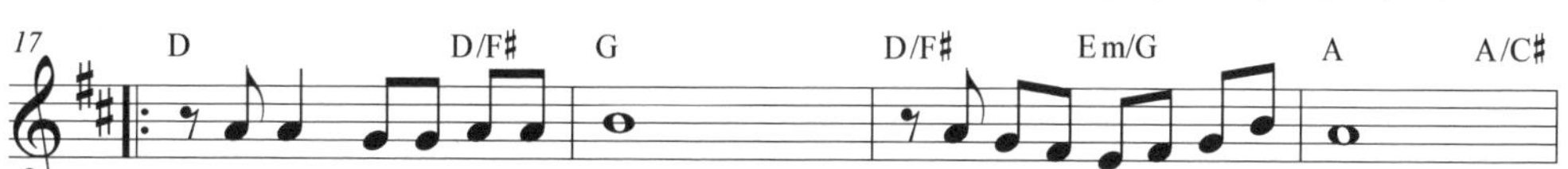
17
D D/F♯ G D/F♯ Em/G A A/C♯
풍요 의식취하 여 결핍의식몰아내 리

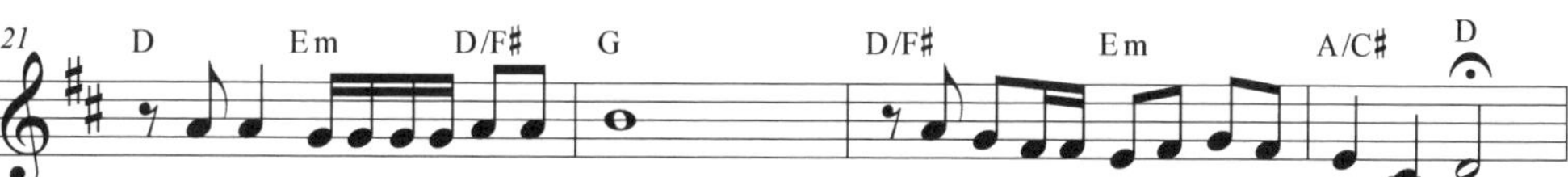
21
D Em D/F♯ G D/F♯ Em A/C♯ D
주님 주신마음과생 각 주를향한찬양넘치 는입술

25
D Em A/C♯ G/B A/C♯ D
내인생 사랑의 주께사로잡혔네 나이 - 제 더이 상

29
D Em A/C♯ G/B A/C♯ D
패배하 지않으 리 승리를향해 전진하며찬양하 리

33 성령의 불로 다가와

성령

작사 & 작곡 이순희

♩= 80
성령 의 불로 다가 와 모든 죄 태우시는놀라운 은혜 -
성령 의 불 로 다가 와 모든 질병태우시는놀라운은혜 - 은혜 -
주 님 의 크신사 랑 생 각 할 때 에
기 쁨 과 감 - 사 가 흘 러 넘 치 네
감 사 의 눈 - 물 이 흘 러 넘 치 네

34 성령의 불로 임하사

성령

작사 & 작곡 이순희

♩= 76
성 령의 불로 임 하 사 내 영혼깨워주소 서
성 령의 불로 임 하 사 내 영혼치유하소 서
진리안에자유한 영혼으 로 주님의뜻이루게 하 소 서
많은영혼주께로 인도하 여 영원토록빛나는삶 살게하소서

성령

성령의 불을 붙이세

작사 & 작곡 이순희

♩=72
D Em A/C# G/B D
성 령의불을붙이 세 우 리의영 혼 에
5 D A/C# D A/C# D A/C#
성 령의불이붙은 성 도 는 성령의능력나타내 네
9 D A/C# D A/C# D A/C# D
생 각과마 - 음과 언어에 불을받 아 주님께 쓰임받 네
13 D Em D A/C# G/B D
성 령의 불이붙은찬 양 은 영혼을 깨우 네
17 D Em A/C# A A/C# D
성 령의 불이붙은예 배 는 주의나라 확장하네
21 D A/C# D A/C# Em A/C#
성 령의불이붙은 섬 김 은 마음천국누리게하 네
25 D A/C# D A/C# D A/C# D
성 령의불이붙은 전도는 복음의 열매 - 맺게하 네

D 여자

영적전쟁에서

작사 & 작곡 이순희

♩= 100
D D/F♯ G A A/C♯
영적 전쟁 에 서 승리하는성 - 도 는
D D/F♯ G A D D/A
죽음 의영과 싸 워 새생 명누 리 네
D Em D/F♯ A D/F♯
거짓의영과싸 워 진리의인도받 네
D Em G A A/C♯ D D/A
미움의영과싸 워 사랑을누 리 네
D D/F♯ A D/F♯ G A A/C♯
우리 모두 자아 를 내려놓고 - 예수보혈의지하 세
D Em D/F♯ G A A/C♯ D
우리 모두 주님 과 동행하여 - 승리하며살아가 세

우리의 인생길

작사 & 작곡 이순희

♩= 76
우리의인생길 - 누구나할것없이 고달프고힘이들지 만
우리의생각과 - 마음먹기에달려있어 스스로의인생만드 네
하 나님과 - 동행 하는사람 어떤 문제 - 앞에서 도
하 나님이 - 주신 생각으로 넉넉 하게이기며 살지 만
내 뜻대로 - 살아 가는사람 아주 작은 - 문제앞에서 도
쓰러지고 넘어지고 고통속에 살아 가며 - 탄식하 네
나의 의지를주님께 내어드려 자유케되 리
나는 더이상나 - 를 의지하지않고주께맡기 리
이제는나의삶 - 주님께맡 - 기고 주와함께동 - 행하 며
성령의능력을 - 온세상사람들에 - 게 나타내며열매맺으 리

38 십자가에서 흘리신

십자가

작사 & 작곡 이순희
♩=76
십자 가에서 흘리신보혈- 나의영혼정결케하 네
십자 가에서 흘리신보혈- 모든결박풀어주시 네
십 자 가 의 고 통 속 에 비 추 이 는 빛
내 영 혼 의 모 든 상 처 씻 어 주 시 네
죄 와 죽음이기시 고 우리를살리신 십자 가
물 과 피를쏟으시 고 우리를구원하신 십자 가
그십 자가의 사랑힘입어- 나는새롭게변화되었 네
그십 자가의 사랑힘입어- 주의복음전하며사 네

주님 가신 길

39

작사 & 작곡 이순희

♩= 70
D A/C# G/B A D/F#
주님가신길- 고난의-길- 섬김의길겸 손의 길
D A/C# G/B A/C# D D/F#
십자가없는- 영광은없고- 죽음없는부활없듯 이
G D/F# A D/F# D A/C# D G/B A
우리모두- 주와 함께죽고 주와 함께- 살기원하 네
G D/F# A D/F# D A/C# D A/C# D
우리모두- 주님 가신그길 십자 가의길- 가기원하 네
D Em A/C# D D/F# G G/B A
주와 함께영광 받기 위하여 고난 도 함께받아야하 네
D Em A/C# D D/F# G/B A A/C# D D/F#
주와 함께영광 받기 위하여 십자 가 의길로가야하 네
A D/F# G D/F# A D/F# G A
자 아죽이는길 사는길이요- 포기하는길얻는길이 네
A D/F# G D/F# A Em A/C# D D/A
희 생의 길 축복의-길- 겸손의길승리의- 길
D A/C# G/B A D/F#
인생의길을- 찾지못할때- 한치앞도볼수없을 때
D A/C# G/B A/C# D
오직주예수- 그리스도의- 십자가의길따라가겠 네
D
여자

40 주를 찬양하라

작사 & 작곡 이순희
♩=76
주를 찬양하라 주를찬양하라 나 의영혼 아
주의 끝없는사랑 을 찬양하라 나 의영혼 아
Fine
주 의은혜와사 랑 끝 이없 다 네
나 의심장이뛰 네 주사랑에감격 하 네
주 여 주 여 내가주를찬양합니 다
주 여 주 여 홀로영광받아주소 서
D.C

주의 사랑에

작사 & 작곡 이순희

♩= 83
주의 사랑에 잠못 이루네 모두다잠든고요한이 밤
주님 주시는 재능 가지고 밤을새워주의일하 네
밤 을지 새 워 주 의일 해 도
주 의사 랑 을 표 현할길없 네
피 곤치않네 새힘주시네 능 력주 시 네
그누 구도알수 없는 참된평강 참된기쁨 참된사 랑
내안 에서넘쳐 나네 사랑의주 내안에서 일하시 네
나는 자유해 나는 행복해 주안에서나는기뻐 해
나는 평안해 나는 만족해 영원토록주를찬양 해

D
여자

42 지혜로운 사람은

작사 & 작곡 이순희
♩= 80
지혜 로 운사 람 은 이 땅에 서도 - 천국누리 네
천국 은 사랑과능 력 충만한 가장 아름다운 곳 (지혜)
나 - 는이 제 천국을 바라보 네
나 - 는이 제 땅의것 보지않 네
천국을위한인생 사는자 땅의것에미련두 지않네
천국을위한인생 사는자 주위해헌신하며 사네 -
천국 바 라보 는 자 주 님 예비하신영광누리 네
믿음 으 로천 국 바 라보며 기름 준비하리 라

진리 안에 자유

작사 & 작곡 이순희
♩= 100
D A/C# G/B A/C# D
진리안에자유 진리안에자유 자유한삶살아가 네
D Em D/F# Em D A/C# D D/A
자유얻기위해 죄와싸워이겨 성결한삶살아가 세
D A/C# D D/F# G A A/C#
성 결의영 성을 소유한자는 주의음성분 별하 여
D A/C# D D/F# A D D/A
주 님의말 씀에 순종함으로 주를기쁘시게하 네
D A/C# G/B A/C# D
성 결한영성 소 유 - 하여 진리안에자유누리 세
D Em D/F# Em D A/C# D
천 국의복을 유 통 - 하는 축 - 복의통로되 리

44 두려움과 아픔에 놓인

내적치유

작사 & 작곡 이순희

♩= 76
Bm Em/G F♯ F♯/A♯ Bm
두려 움과 아 픔에 놓인 나 의모 습
5 Bm Em/G F♯ Em F♯ F♯/A♯ Bm Bm/D
방황 하며 공 허에 놓인 나 의 모 습
9 F♯ Em Bm/D Em F♯
한걸음 씩 내딛는 것도 어 려 웠 네
13 F♯ Em Bm/D Em F♯ Bm Bm/D
두려움 과 절망에 싸여 떨 고있 는 날
17 F♯ Em Bm/D F♯ Em/G F♯ F♯/A♯
사 랑의 하나 님 따뜻한 품으로 안아주시 네
21 Bm F♯/A♯ Bm Em/G F♯
나 의사랑하는 자 녀 야 두려워 하지말 라
25 Em F♯ Em/G Bm/F♯ G F♯ Bm
내 가 너와함께 하 리 라 내 가 너를도와 주 리 라
29 Bm Em/G F♯ F♯/A♯ Bm
더이 상 상처에 매여 아파 하 지않 으 리
33 Bm Em/G F♯ Em F♯ F♯/A♯ Bm
더이 상 과거에 매여 방황 하 지 않 으 리

사랑의 주님이

작사 & 작곡 이순희

♩= 80
사랑 의주 님 이 나를 고치 시 네
사랑 의주 님 이 나를 인도 하시 네
주 님의 사랑 은 끝 없이 넓고크신놀라운사 랑
주 님의 사랑 은 한 없이 높고깊은조건없는사 랑
주님의사 랑의 너비와길이와 높이와깊 이가 어떠함을
깨달아사랑으로 충만하 - 여 주님의뜻 대로 살아가 리
주님 의사 랑 은 우리 를변화시키 네
영원 토록 주님 만 찬양 하게 하시 네

46 성령의 바람

성령

작사 & 작곡 이순희

♩= 80
Bm Em/G Bm Bm/D Em F♯ Em/G F♯
성령의바람바람불어와 - 성령의 능력이함께하네 -
성령의불길불길타올라 - 성령의 능력이함께하네 -
Bm Em/G Bm Bm/D Em F♯ Bm Bm/D
그어떤장애물-있다해도 - 모두다날려버 리 네 -
그어떤죄와상처있다해도 - 모두다태워버 리 네 -
Fine
F♯ G F♯ Em F♯ Bm/D F♯
성령의바람이성령의불이 - 나의모든문제해결하시네 -
F♯ G F♯ Em F♯ Bm Bm/D
성령의놀라운능력 이 - 나의삶을인도하시네 -
F♯ Em F♯ G Bm Em/G F♯
사 명향해 전진하게하는 성 령의크신능력 -
F♯ Em F♯ G Bm Em/G F♯ Bm
나 의삶을 인도하시네 내 인생주께맡기 리
D.C

성령의 인도를 받는

작사 & 작곡 이순희

♩= 76
Bm Bm/D F♯ Bm/D Em Bm/D Em F♯
성 령의 인도를 받는인 생 한 계의 벽을 뛰어넘 네
Bm Bm/D F♯ Bm/D Em Bm/D Em F♯ Bm
성 령의 인도를 받는인 생 저 하늘 높이 비상하 네
Bm Bm/D Em Bm/D F♯ Em F♯
시간의 한계 - 공간의 한계 - 능 력의 한 계
Bm Bm/D Em F♯ Em F♯ F♯/A♯ Bm
재능의 한계 - 물질의 한계 - 죽 음의 한계 뛰어넘 네
Bm Bm/D F♯ Bm/D Em Bm/D Em F♯
사명향해 전 진 하게하 는 성 령의 크신 능 - 력 이
Bm Bm/D F♯ Bm/D Em Bm/D Em F♯ Bm
나를인도 하시고 복 - 음 의 능 력을 나타 나게하 네

D — 여자

48 세상에 가득히

작사 & 작곡 이순희

= 80
Bm F#/A# Bm Em/G F# F#/A#
세 상에가 - 득 히 어 둠이깔 릴 때
5 Bm F#/A# Bm Em/G F#/A# Bm Bm/D
주 님의사랑의 빛 우 리를이 끄 네
9 Em Bm/D Bm Bm/D F#
주 의사랑의빛 은 영 혼의열쇠가되 어
13 Em F# F#/A# Bm F#/A# Bm
하 늘의문을열 어 주 를보게하 네
17 Bm F#/A# Bm Em/G F# F#/A#
나 이제주님의 사랑의 빛 비 추며살 리 라
21 Bm F#/A# Bm Em/G F#/A# Bm
많은영혼주께로 인도하 는 주 님의동역자되 리

세상을 바라보며

작사 & 작곡 이순희
♩= 76
Bm Bm/D Em Em/G F♯
세 상 을바라 보며살 때 내영 혼곤고 했지만
Bm Bm(M7)/D Em F♯ Bm
주 님 을바라 보며살 때 내영 혼만 족 해
F♯ Em F♯ Bm/D F♯
이전엔 헛된세상 줄 놓지못 해 집착했지 만
F♯ Em F♯ Bm/D Em F♯ Bm
아무리 채우려해 도 채워지지 않는나의병든영 혼
F♯ Bm F♯/A♯ Bm Em/G Bm F♯
이 -제는 세상줄 내려놓 고 내영혼 채우시는
Bm Bm/D F♯ Em F♯ F♯/A♯ Bm
하 -나님 만 의지하여 참된만족누 리 리
Bm Bm/D Em Em/G F♯
헛 된 세상줄 내려놓 고 오직 주의줄 잡으리
Bm Bm(M7)/D Em F♯ Bm
주 의 사랑의 줄에매 여 참행 복누 리리

50 아무리 몸부림쳐도

작사 & 작곡 이순희
♩= 80
Bm F♯/A♯ Em/G F♯ F♯/A♯
아 무리 몸부림쳐도 채워지지않는내영 혼
Bm F♯/A♯ Em/G F♯/A♯ Bm
과 거의 상처에갇혀 울부짖는나의영 혼
Bm F♯/A♯ Bm Bm/D F♯ Em F♯
간 절히기도하 며 주 님께부르짖을 때
Bm F♯/A♯ Bm Bm/D Em F♯ Bm
주 님의따뜻한손 길 나를감싸주 시 네
Bm F♯/A♯ Em/G F♯ F♯/A♯
오 직나의 주님만 - 이 나의영혼채워주시 네
Bm F♯/A♯ Em/G F♯/A♯ Bm
나 는이제 예수안에서 참된행복누리며사 네

이전 것은 지나갔으니

작사 & 작곡 이순희

♩= 80
Bm F♯/A♯ Bm Em/G F♯ Em F♯
이전것 은 지나갔으니 보 라 새것이 되었도 다
Bm F♯/A♯ Bm Em/G Em F♯ F♯/A♯ Bm
예수안 에 있는자 - 는 새로운 피조물 되었도 다
Em F♯ F♯/A♯ Bm Em/G F♯
나 이 제 더이상 과거 에 매이지 않 네
Em F♯ F♯/A♯ Bm F♯ Bm
나 이 제 더이상 상처 에 매이지 않 네
Bm F♯/A♯ Bm Em/G F♯ Em F♯
나는이 제 새 - 로 - 운 피조물 답 - 게 살아가 리
Bm F♯/A♯ Bm Em/G Em F♯ F♯/A♯ Bm
나는이 제 왕 - 같 - 은 제사장 답 - 게 살아가 리

52 자비로운 손길로

작사 & 작곡 이순희

♩= 80
Bm F♯/A♯ Bm Bm/D Em F♯ F♯/A♯
자 비로운 손길 로 나 를 감싸시 고
5 Bm F♯/A♯ Bm Bm/D Em F♯ Bm Bm/D
우 리의삶 속 에 풍 성한축복주시 네
9 Em F♯ Bm/D F♯ Bm/D Em F♯
세 상사는날동 안 시 련과 고 통이닥쳐온대 도
13 Em F♯ Bm/D F♯ Em F♯ Bm
주 님의 - 손길 에 나를맡기 니 두렵 지않 네
17 Bm F♯/A♯ Bm Bm/D Em F♯ F♯/A♯
놀 라운주 능 력 나 를 붙드시 네
21 Bm F♯/A♯ Bm Bm/D Em F♯ F♯/A♯ Bm
염 려걱정 없 네 내 잔이넘 - 치 네

자비와 은혜로

작사 & 작곡 이순희

♩= 80
Bm Em/G F♯ Em F♯ Bm/D F♯
자비 와은혜로 베풀어지는 우리 의삶 이 세상비추네
Bm Em/G F♯ Em F♯ Bm F♯ Bm
고달 픈이에게 손을내밀어 주님 의사랑을 나누며사 네
F♯ F♯/A♯ Bm Em/G F♯
삶 의무 게 에 짓 눌린 영 혼들 에 게
F♯ F♯/A♯ Bm Em/G F♯ Bm
주 의크신사 랑 전 하며 살 아가 네
Bm Em/G F♯ Em F♯ Bm/D F♯
세상 의어둠을 밝히는찬양 내 - 입술 에 두 - 셨으니
Bm Em/G F♯ Em F♯ Bm/D F♯ Bm
나는 영원토록 찬양하리라 주의 이름높여 찬양하리라

54 주 안에 있는 우리는

고후 4:16-18

작사 & 작곡 이순희
♩= 80
주 안에있는 우 리는 결 코 낙심치않 네
우 리의겉사람 은 낡 아 지 나
우 리의속사람 은 날 로새로워지 네
우 리가 잠시받 는 환 난의경한것 이
지 극히 크고영원한 영 광의중한것 을
우리에게이루게 함이니 우리가주목하는것 은
보이는것 이 아니요 보이지않는것 이 니
보 이는것은 잠깐 이요 보이지 않는것 - 은
영 원함이라 속 사람 영 원 함 - 이 - 라

눈부신 빛으로

작사 & 작곡 이순희
♩= 80
눈 부신 빛으로 로 내 게다가오소 서
찬 란한 빛으로 로 나 를감싸주소 서
치 료의 손길 을 내 게허락하소 서
어 두운 인생 길 빛 을비춰주소 서
험 하고고달픈 인생길에도 주 님의빛을받아 살아가 니
흔 들리지않네 요동치않네 큰 산도두렵지않 네
빛 되신 나의 주 내 게빛을주시 네
주 님의빛을받 아 주 님의빛비추 리

56

사랑의 불 오 오

사랑

작사 & 작곡 이순희
♩=90
사랑 의불 오 오 뜨거 운능력 의 불
사랑 의불 오 오 뜨거 운치료 의 불
사 랑의불이붙으 면 인 생이변화된다 네
사 랑의불이임하 면 무 너진질서회복되 네
사 -랑의 불이붙으면 완 고한마음무너지 네
사 -랑의주 내영 혼을 소생시켜주 시 네
사랑 의불 오 오 사명 의불붙 이 네
사랑 충만 받 아 사랑 의통로 되 리

사랑이 무엇인지

57

작사 & 작곡 이순희

♩= 80
E♭ Fm E♭/G A♭ B♭ E♭/G
사 랑 이 무 엇 인 지 알 지 못 하 여
의 미 없 이 시 간 만 흘 려 보 냈 네
5
E♭ Fm B♭/D B♭ B♭/D 1 E♭ 2 E♭ E♭/B♭
곤 고 한 인 생 살 아 가 던 지 난 세 월 들 주
의 미 없 는 내 - 삶 - 에 찾 아 오 신
11
E♭ Fm E♭/G A♭ A♭/C B♭/D E♭ E♭/B♭
살 아 갈 이 유 찾 아 기 쁨 과 찬 양 생 명 넘 치 네
15
E♭ Fm E♭/G A♭ B♭ B♭/D E♭
나 이 제 크 신 사 랑 경 험 하 여 사 랑 에 빚 진 자 되 어
19
E♭ Fm E♭/G A♭ B♭ E♭/G
주 의 복 음 전 하 며 살 아 가 리 라
24
E♭ Fm B♭/D B♭ B♭/D E♭
성 령 의 인 도 하 심 따 라 열 매 맺 으 리

성령

58 새벽이슬 같은

작사 & 작곡 이순희
♩= 76
E♭ Fm B♭/D E♭ B♭/D
새벽이 슬같은성령 의능력 내영혼 촉촉하게적시네
E♭ E♭/G B♭ E♭/G Fm B♭/D 1.E♭ 2.E♭
메마른 나의심 령에 이슬 같 은 성령임하니 니
E♭ Fm E♭/G B♭ E♭/G A♭ B♭ B♭/D
열 정이 풍성한 영혼으 로 변화되 고
E♭ Fm B♭/D A♭/C B♭/D E♭
지 치고 피곤한 자에게 성 령임 하 니
Fm B♭/D A♭/C B♭/D Fm B♭/D E♭
새벽이슬같은 주의청년으로 변 화되 네
Fm B♭/D A♭/C E♭ Fm B♭/D E♭
새벽이슬같은 주의성령이여 임 하소 서
E♭ Fm B♭/D E♭ E♭/G B♭
새벽 이 슬같은주의 청년되어 - 주의 나 라 확장위하 여
E♭ E♭/G B♭ E♭/G Fm B♭/D E♭
죽은 영 혼살리기 위 해 복음 전 하며살아가리 라

예수님이 세상을

작사 김지원
작곡 이순희

♩= 76
예 수 님 이세상을사랑하 사 세상 가 운데로오셨 네
주님 이 말씀하시 면 기적 이 나타 나 네 네
병 든 자 가치료받 고 마음 상 한자치유받 네
예 수 를 주인으로모시 니 나에 게 도기적나타 나
지 옥 같 았던나의삶 이 천국 으 로변화되었 네
신 기 한 주님의세 계 말로 다 형용할수없 네

E
여자

60 우리에게 소망을

작사 & 작곡 이순희

♩= 72
우리 에 게소망을 주시고 주의 뜻알게하시는 하나 님
소망 의 능력은잠든영 혼깨우고 잠재 된재능과은사를깨워주 네 네
소 망 의 능 력 에 붙 들 린 자
현 실의 장 애 물 뛰 어 넘 고
소 망 의 능 력 에 붙 들 린 자
하 나 님 의 뜻 이 루 며 사 네
오 직 예 수님만소망 함으로 내영 혼앞길막혀답 답 해 도
소망 되 신주와함께 전진하여 행복 한 주님의동역자 되 - 리 라

육의 힘으로

작사 & 작곡 이순희
♩= 76
육의 힘 으로 사는 자 언 제나한계를느끼 네
육의 힘 으로 사는 자 시 간의한계 능 력의한계
지 식의한계 앞 에 부딪혀 절망하며낙심 하 네 네
성 령 의 힘으로 사는자 한 계가 없 네
하 늘 의 충만한 지혜와 사 랑임 하 고
한없는기쁨과 평강임하네 끝없는행복과 자유임하네
성령의무한한 능력받아서 주의뜻이루며 살아가리라
육의 힘 으로 사는 자 언 제나한계를느끼 네
영의 힘 으로 사는 자 한 계없는삶 살아가 네

62 죄의 무게에

내적치유

작사 & 작곡 이순희
♩=76
죄의 무 게에 짓눌 려 고통가운 데 울고있 던 나
상한 마 음부둥켜안 고 몸부림치 며 살아왔 던 나 나
더이상 견딜수없 어 모든것 포기하려할 때 에
주님날 부르시 네 이제야 주의음성들 리 네
사 랑 하는 자 녀 야 모든짐 내려놓 고
내 게 로 - 나 오 라 주님말씀하 시 네
나의 모 든짐 주님 께 맡겨드리 고 나는자 유 해
주의 크 신오른손으 로 나를붙들 어 주시니 행복 해

주님의 능력

작사 & 작곡 이순희

♩= 90
E♭ Fm E♭/G B♭ E♭/G A♭ A♭/C B♭/D
주님 의능력 크 고놀 라워 모든 만물주 를 찬양하네
5
E♭ Fm E♭/G B♭ E♭/G A♭ A♭/C B♭/D E♭
주님 의은혜 날 로새로워 한없 는사랑으로 채우시네
Fine
9
A♭ B♭ E♭/G B♭ Fm B♭/D
주 님의 위 로 깊 고놀 라 워
13
A♭ B♭ E♭/G B♭ B♭/D E♭ E♭/G
공 허한 내 면 채 워주 시 네
17
A♭ E♭/G E♭ A♭/C B♭
우리모두 주를 찬양하세 주 를찬양하 세
21
A♭ E♭/G E♭ B♭/D E♭
한이없는 주의 능력 영원 토 록찬양하 세
D.C

E
여자

64 주님의 위대하심을

작사 & 작곡 이순희

♩= 90
E♭ B♭/D E♭ A♭/C B♭/D E♭
주님 의위대하심 을 온세상에전 하 세
B♭/D E♭ A♭/C B♭/D E♭
주님 의크신사 랑 소리높여찬 - 양 해
E♭ Fm E♭/G B♭ E♭/G
주 님의 은혜가 우 리를 감싸네
E♭ Fm E♭/G B♭ B♭/D E♭
주 님의 능력이 우 리를 붙드네
E♭ B♭/D E♭ A♭/C B♭/D E♭
세상 에희망의 빛 우릴통해비추시 네
B♭/D E♭ A♭/C B♭/D E♭
세상 에치료의 빛 우릴통해비추시 네

주님의 은혜가

작사 & 작곡 이순희

♩= 90
E♭ Fm B♭/D A♭/C B♭/D
주 님의 은 혜가 나 를채우시 네
5
E♭ Fm B♭/D A♭/C B♭/D E♭
주 님의 능 력이 나 를이끌어가 네
9
E♭ Fm A♭ B♭ E♭/G A♭ E♭/G B♭
험 하고고달픈 인생길에도 성 령의인도받아 살아가 니
13
E♭ Fm A♭ B♭ E♭/G A♭ B♭ E♭
흔 들리지않네 요동치않네 큰 산도두렵지않 네
17
E♭ Fm B♭/D A♭/C B♭ B♭/D
나 이제 주 사랑 노 래하며사 네
21
E♭ Fm B♭/D A♭/C B♭/D E♭
주 님의 사 랑을 나 타내며살겠 네

66 주를 향한 감사의 노래

작사 & 작곡 이순희

♩=90
주를 향한 감 사의노래 부 르며 사 네
주의 이름 찬 양 - 하며 경 배드 리 네
주 님의 놀라 운 사 랑이 우릴 감싸주시니
모 진풍랑일어 도 두 려움 없네 놀라지않네
주의 능력 함 께하시네 크 신사 랑 이
주의 이름 높 여드리네 주 께영광돌리 네

하나님의 사랑

작사 & 작곡 이순희

68 하나님의 영광이

작사 & 작곡 이순희

♩= 90
E♭ B♭/D Cm Fm B♭/D E♭
하나 님의 영 - 광이 - 빛 나 는 곳 에
5 E♭ B♭/D Cm B♭ B♭/D E♭ E♭/B♭
우리 모두 영 - 원한 - 행 복 꽃 피 네
9 E♭ Fm A♭ B♭ Fm B♭
천 국의소망이 우릴변화시켜 영원한것찾게하시 네
13 E♭ Fm A♭ B♭ Fm B♭/D E♭
천 국의소망이 우릴변화시켜 기름준비하게하시 네
17 E♭ B♭/D Cm Fm B♭/D E♭
하늘 과땅이진동 하며 - 주 를 찬 양 해
21 E♭ B♭/D Cm B♭/D E♭
주님 의영광빛나 는곳 - 영원한 행복이있 네

감사하세

69

작사 & 작곡 이순희

♩=90
E B/D# E F#m B/D# E
감 사하세 우리주 하나님께 모 든것 감 사
E B/D# E F#° B/D# E E/B
감 사하세 생명을 허락하신 주 님께 감 사
Fine
E B/D# E B/D# E B/D# E E/G#
십자가의 은혜로 써 구원하신 주 님께 감 사
A B E/G# A B
날마다 동행하시 는 임마누엘 주 님께 감 사
A A/C# B/D# E F#m B/D# E E/B
최선의 열매로써 드릴수있는은혜 주 심에 감 사
E F#m E/G# B B/D#
마 음의 열매 시 간의 열매 물 질의 열 매
E F#m Em/G# A B E
사 랑의 열매 헌 신의 열매 충 성의 열매 올려드리며
D.C

E
여자

70 내가 여호와를

시 40:1-3

작사 & 작곡 이순희

♩= 90
E B/D♯ E A/C♯ E B/D♯ E
내 가여호와 를 기다리 고 기다렸더 니
5
E B/D♯ E A/C♯ B/D♯ E E/G♯
귀 를기울이 사 나의부르짖 음 들으셨도 다
9
A B E/G♯ F♯m B/D♯ E E/G♯
나를 기가 막 힐 웅덩이와 수렁에서 건져주시 고
13
A B E/G♯ F♯m E B/D♯ E E/B
내발 을반석위 에 두-사내 걸음을견고하게 하셨도 다
17
E F♯m E/G♯ B E/G♯ B F♯m B B/D♯
새 노래 곧 하나님께 올릴찬송을내입에두셨으 니
21
E B/D♯ E F♯m B/D♯ E
많 은사람이보 고 두려워하여 여호와를 의지하리로 다
25
E B/D♯ E A/C♯ E B/D♯ E
우 리의노래 가 흐르는 곳 치유의역 사
29
E B/D♯ E A/C♯ B/D♯ E
회 복의-역 사 변화의-역 사 일어나- 네

높고 높은 하늘을 향해

작사 & 작곡 이순희
♩= 90
E F♯m A B A B B/D♯ E
높 고높은 하늘을향해 찬양이 울려퍼지 네
E F♯m A B A B B/D♯ E
주 의은혜 함께하시니 감사가 넘쳐흐르 네
E B/D♯ E F♯m B B/D♯
마음 문열어 주 를바라보니 기쁨 과평안넘치 네
E B/D♯ A/C♯ B/D♯ E
마음 문열어 주 만의지하니 성령 의능력함께 해
E F♯m A B A B B/D♯ E
나 는이제 주의능력으로 천국의 파수꾼되 어
E F♯m A B A B B/D♯ E
주 -님의 동역자되어 사명을 감당하리 라

72 높고 크신 주님의

작사 & 작곡 이순희

= 72
E B/D# E A/C# B/D# E
높고 크 신주님의 이름을 우리 목소 리높여찬양 해
E B/D# E A/C# B B/D# E E/G#
주님 의 한없이깊은 사랑에 우리 모 든죄 가씻겼 네 (높고)
A A/C# E E/G# B
영 원하신주사 랑 끝 이없는주사 랑
A A/C# E B/D# E
변 함없는주사 랑 위 대하신주사 랑
E B/D# E A/C# B/D# E
나이 제 주님의사 랑으로 행복 하고 값진삶을사 네
E B/D# E A/C# B/D# E
주님 의 뜨거운사랑 의손길 날마 다 나를 감싸시 네

다시 오실 예수 그리스도 73

작사 & 작곡 이순희

♩= 90
E A/E E B/D♯ A/C♯ B B/D♯
다시 오실 예수 그리스도 맞 이 하 세
5 E F♯m B/D♯ E E/G♯
주님 을만나는 날 부끄럽 지 않 도 록
9 A B E/G♯ B E/G♯
믿 음의준비 충 성의준비 인 내의 준 비
13 A B E/G♯ A B B/D♯ E E/G♯
찬 양의준비 사 랑의준비 영 혼의준비하 세
17 B E/G♯ A B7 E/G♯
주 님을 기다리면서 주님을 닮아가 고
21 B E/G♯ A B B/D♯ E E/B
주 님을 소망하면서 현재를 살아가 세
25 E A/E E B/D♯ A/C♯ B B/D♯
다시 오실 예수 그리스도 맞 이 하 세
29 E F♯m B/D♯ E
내영 혼에 주 를 맞이하여 천 국 이 루 세

E — 여자

74 마음에 피어난

작사 & 작곡 이순희
♩= 90
E B/D♯ E A/C♯ B/D♯ E F♯m B/D♯ E
마음 에피어난 믿음 의꽃 고요한 밤에도 빛나는희 망
E B/D♯ E F♯m A B E/G♯ F♯m B/D♯ E E/G♯
하나 님의은혜 우리 를안고 믿 음에믿 음을 더하시 네
Fine
A B E/G♯ B E/G♯ A B
믿 음의길을 걷 는 우리 어둠속에서도빛나는 별
A B E/G♯ B E/G♯ A B E
하 늘에펼쳐진 언 약 의꿈 믿음으로찬양하 리
E B/D♯ E B/D♯ E B/D♯ E
견 고한믿음 굳건한믿음 흔 들리지않는 믿음으 로
E B/D♯ E B/D♯ E B/D♯ E B/D♯ E
많 은영혼주께로 인도하 - 여 하 늘의별처럼 빛 - 나 리
D.C

주님 앞에 나아가는

작사 & 작곡 이순희
♩= 90
주님 앞에 나아 가는 나 의발걸 음
한걸 음씩 한걸 음씩 걸 어갈 때 에
주 님 의 따뜻한 미 소 나를 반기는듯하 네
주 님 의 강한능 력 나를 붙드 시 네
나 - 이제 주의손에붙들려 생 명의길로 달려가 네
나 - 이제 주의손에붙들려 세 상에빛을 발 - 하 네
나를 통해 행하 실일 기 대하 면 서
주의 손에 붙들 리어 복 음전 하 리

76 주의 사랑 안에

작사 & 작곡 이순희

♩= 90
E B/D♯ E B/D♯
주 의사랑안 에 갇 혀있는 자
5 E A/C♯ B/D♯ E B/D♯ E
고 난과 환난 속에서 도 흔 들리지않 네
9 E B/D♯ E B/D♯ A/C♯ B/D♯ E B/D♯
빛 으로가득 한 길을향 해 고 난의바다를 헤쳐나가리
13 E B/D♯ E B/D♯ A/C♯ B/D♯ F♯m B/D♯ E
빛 으로가득 한 길을향 해 주 계신곳으로 달려나가리
17 E B/D♯ E B/D♯
고 난을 - 통 해 주 님만 났 네
21 E A/C♯ B/D♯ E B/D♯ E
고 난이 유익 이라하 신 주 님을찬양 해

주의 품에

작사 & 작곡 이순희

♩= 80
E B/D♯ E F♯m B/D♯
주의품에안기고싶 어 주의손에붙들리고싶 어
주의품에안 - 기었 네 주의손에붙 - 들렸 - 네
5
E B/D♯ E F♯m B/D♯ E
주의눈에발견되고싶 어 간절하게기도했 네
주의눈에발 - 견되었 네 나의삶은변화됐 네
9
E B/D♯ E E/G♯ F♯m B/D♯
하 나님 의 품 에 안 겨있 는 나
13
E B/D♯ E B/D♯ E B/D♯ E E/G♯
참 된평안과 기쁨과 사랑 넘 쳐흐 르 네
17
A E/G♯ E B/D♯ E F♯m B
하 나님의 능력 의 손길에 붙 들 린 나
21
A E/G♯ B B/D♯ E
성 령의인도받 아 주님의뜻이 루 네
25
E B/D♯ E E/G♯ F♯m B
하 나님 의 눈 에 사 로잡 힌 나
29
E B/D♯ E B/D♯ E
이 웃사 랑 실 - 천 하며 복 음전 하 네

E

여자

78 하나님의 사랑이

작사 & 작곡 이순희

♩= 90
E E/G♯ E F♯m B/D♯
하나 님의 사랑 이 우 리 를 감싸주 시 네
E E/G♯ E B/D♯ E E/G♯
마음 에피어난 꽃 평 강 과 기 쁨 의 꽃
A E/G♯ A E/G♯ B E/G♯
영 원 한 축복의 샘 넘 쳐흐 르 네
A E/G♯ B A B E
행 복 한 나의 인생 영원토록찬양하 리

79 하나님 사랑의

임재

작사 & 작곡 이순희

♩= 76
E F♯m A B B/D♯
하 나님 사 랑 의 나 의 하 나 님
E F♯m B/D♯ E E/G♯
이 시간 기 름 부 어 나 를 사용하소 서
Fine
A B F♯m B/D♯ E B/D♯ E E/G♯
하 나님나와함께 하 시 면 나 는 모든것을 할 수 있네
A E/G♯ E B/D♯ A/C♯ B/D♯ E
하 나님나와함께 하 시 면 세 상의어떤것도 부럽지않네
D.C

헤아릴 수 없는

작사 & 작곡 이순희
♩= 80
헤 아릴수 없 는 주 님의사 랑
나 보다나 를 더 사 랑하시는주 님
한 없는주의사 랑 나 의 모든죄 사해주시 고
내 삶을인도하시 니 나는두려 움없네 나는자유 해
하나님 독생자 아낌없이 내어주 신 그크신사 랑
예수님 날위해 모진고난 당하시 고 십자가지셨 네
우 리모 두 주 의 사 랑본 받 아
이 웃사랑실천 하 여 주 의사랑전하 세

81 나의 목자 되신

작사 & 작곡 이순희

♩= 90

F C/E F B♭/D C/E

나의목자되신 나 의 주 나의소망되신 나 의 주
나의힘이되신 나 의 주 나의생명되신 나 의 주

F C/E F C/E F F/A

나의피난처요 나의지존자 내가주를찬양합니 다
나의반석이요 나의요 - 새 내가주를찬양합니 다

Fine

B♭ F/A C F/A F C/E

할 렐루야 할 렐루야 주를찬양합 니 다

B♭ F/A C F/A F C/E F

할 렐루야 할 렐루야 소리높여찬양합니 다

D.C

82 참된 믿음

작사 & 작곡 이순희

♩= 90
F F/A B♭ F/A C B♭ C C/E
참된 믿음 참된 사랑 참된 기쁨으로 살아가리 -
F F/A B♭ F/A C B♭ C F F/A
주님 주신 참된 기쁨 참된 만족으로 살아가리 -
Fine
B♭ C F/A C C/E F F/A
주 님주신행복 은 세 상것과바꿀 수없 네
B♭ C F/A C F
오 직주의지하 여 행 복하게살겠 네
D.C

너희는 여호와의

시 34:8–10

작사 & 작곡 이순희

♩= 80
F Bb/D F F/A C
너희 는여호와의 선하 심을 맛보 아알지어 다
5 F Bb/D F F/A C C/E F F/A
너희 는여호와의 선하 심을 맛보 아알지어 다
9 Bb C C/E F C Bb C
너 희성도 들 아 여호 와를경외하 라
13 Bb C C/E F C Bb F/A C F F/A
그 를경외하는 자 부족 함이없 도 다
17 C F/A Bb Gm C/E F F/A
젊은사자는궁핍 하여주릴지라도 여호와를찾는자 는
21 C F/A Bb Gm F C/E F
모든좋은것에부 족함이없으리라 부족함이없으리 라
25 F Bb/D F F/A C
여호 와의선하심 을맛 보아 행복한삶살아가 세
29 F Bb/D F F/A C C/E F
여호 와의선하심 을맛 보아 진리안에자유하 세

F
여자

84 당신은 사명을

작사 & 작곡 이순희
♩= 80
당신은 사명을 발견했나요
사명은 그 자체가 축복이라오
하나님은 모든 믿는자에게 사명을맡기셨네
충성 다 해사명감당 할 때에 축 복허락하시 네
하나님은사 명 - 자 위 에 권 능을부어주시 네
하나님은사 명 - 자 위 에 열 정을부어주시 네
나는 이 제 사명 을 발 견했 다 오
천국 에 상 급쌓 는 축 복누 리 리

복을 주시기 원하네 85

민 6:24-26

작사 & 작곡 이순희

♩= 74
F C/E F Gm F/A C C/E F
복을 - 주시기 원하 네 나를지켜주시고 - 평강 - 주시 기 원하네
Fine
F C/E F F/A B♭ C C/E
여호 와는 너에 게 복 을 주시기 원 하 네
F C/E F C/E Gm C/E F F/C
너를 지켜 주시 기 원하네 영 원 히
F B♭/D C F/A B♭ Gm C/E
여 호와는 - 그 얼굴을 네 게비 추 사
F C/E F F/A B♭ C C/E F
은 혜베푸시기 원 하시네 사 랑의 주 님
F C/E F F/A Gm B♭ C C/E
여호 와는 그얼 굴을 네 게 로 향하여 드 사
F C/E F C/E Gm C/E F
평강 주시 기 원 하노라 할 지 니 라
D.C.

F
여자

86 불을 부으소서

성령

작사 & 작곡 이순희

♩= 80
불 을 부으 소 서
메마 른나의심령 에
불 을 부으 소 서
답답 한나의영혼 에
오 직성령의불 을
간 구하 오 니
뜨 겁게타오르 는
성령의불부 으소 서
뜨거운성령의불 로
굳은마음제거하시 고
타오르는심령으 로
증인된삶살게하소 서
불 을 부으 소 서
내게 성령 의불 을
나 를 사용 하 사
주의 뜻이 루소 서

살짝쿵

작사 김지원
작곡 이순희
♩= 90
살 짝쿵 살 짝쿵 예수님 사랑 살 짝쿵
나도 모르게 찾아 오신 사랑 살 짝쿵 사 랑
Fine
하늘에서 땅으 로 내려오신 살 짝쿵 사 랑
나를위해 죽으 사 구원하신 살 짝쿵 사 랑
생 명의 부활 로 나타난 영 원한그 사 랑
연 약한 나를 사랑하시는 주의사랑살짝쿵 사랑
D.C

88 성령의 불

성령

작사 & 작곡 이순희

♩= 90
F F/A B♭ C B♭ C C/E F
성 령의 불 성령 의불 내안에서타오르 네
F F/A B♭ C F/A B♭ C F
성 령의 불 뜨거 운불 내모든죄태우시 네
Fine
Gm7 C/E B♭/D C/E F
나이제자유하 네 죄의결박끊어졌 네
Gm7 F C/E Gm C/E F
나이제기뻐뛰 네 성령의인도받 네
D.C

89 성령의 불을 받아

성령

작사 & 작곡 이순희

♩= 80
F C/E F F/A C
성 령의불을받 아 주 님의권능얻으 리
F C/E F F/A C C/E F
성 령의권능받 아 땅끝까지복음전하 리
B♭ Gm C/E B♭/D C/E F F/A
성 령님 내안 에 내안에서일하시 네
B♭ Gm C/E F C/E F
나 이제 행복 해 주님의뜻 이루 네

악하고 험한

작사 & 작곡 이순희

♩= 80
F C/E B♭/D F/C B♭ C C/E
악 하고 험한 세상가운데 방황하며이리저리 헤매일때 -
5
F C/E B♭/D C B♭ C C/E F
전 능하 신 - 나 의 주 나를 지켜 주시 네
9
F C/E F C/E
두려 워하 지말 라 내가너와함께하리 라
13
F C/E F Gm C/E F F/A
내가 너와 함께 하리 라 내가 너를붙들리 라
17
C F C/E F F/A C C/E F
놀라 지말라 - 나는 네하나 님 이 되리 라
21
C F C/E F F/A B♭ C C/E F
내가 너를 굳세 게 하리라 참으로 너를도와 주 리 라
25
F C/E B♭/D F/C B♭ C C/E
참 으로 나의 의 - 로 - 운 오른손으로 너를 붙들리 라
29
F C/E B♭/D C B♭ C C/E F
사 랑의 나의 주 님 께 나의 삶을 맡기 리

F
여자

91 열매를 찾으시는

작사 & 작곡 이순희
♩= 80
F C/E F C/E B♭/D C/E
열 매를찾으시는 나의주님께 선한열매드리기원 해
F F/A C B♭/D C/E F F/A
열 매를찾으시는 나의주님께 빛의열매올려드리 리
B♭ C B♭ C B♭ C F/A
죽 어가 는 영혼들에게 주 님의사랑전하 여
B♭ C B♭ C B♭ C F
주 하나 님 찬양하도록 주의복음전 하 세
F C/E F Gm C/E F
하나님이애타게 찾으시는영혼들 주품에안겨드리 세
F C/E F Gm C/E F
썩어가는세상에 빛과소금이되어 열매맺고살아가 세
F C/E F C/E B♭/D C/E
우 리의착한행실 선한행실과 그리스도향기풍기 며
F F/A C B♭/D C/E F
세 상에빠져있는 많은영혼들 주님께로인 도하 세

우리의 인생을 운행 92

작사 & 작곡 이순희

♩= 80
F C/E F F/A C F/A C
우리 의인 생 을 운행 하시는 성 령
F C/E F F/A C B♭/D C/E F F/A
우리 의생 각 을 다스 리시는성 - 령
B♭ C F/A C F C/E F F/A
성 령의 손 - 길 에 내 삶을 맡기 리
B♭ C B♭ F/A B♭ C C/E F F/A
진 리의 인도 받 아 자 유를 누리 리
C F/A C B♭ F/A C
빛으로인도되 어 분별하며살아가 리
C F/A C Gm C/E F
빛으로인도되 어 열매맺으며살리 라
F C/E F F/A C F/A C
거룩 한길로나아 가 성결 한삶을 살 며
F C/E F C/E B♭/D C/E F
정직 한길에서 서 말씀 의인도따르 리

F
여자

93 주님께 뿌리내리세

작사 & 작곡 이순희

♩= 80
주 님께 뿌리내리세 살아 계신 주님 께
주 님께 뿌리내리세 심지 가견고하도 록
주 예수 안에 지혜와 지식의 모든 보화 감추 어져있 네
주 예수 안에 뿌리를 박으며 세움 받아 주를 위해살아가세
흔들리지않네 방황하지않네 주님내안에계시 니
모진고난환난 내게닥쳐와도 나는요동하지않 네
사 랑의 나의주께서 내삶 을주관하시 니
더 이상 두렵지않네 주님 께뿌리내리 세

주를 찾는

94

작사 & 작곡 이순희

♩= 80
F C/E B♭/D C/E F
주 를찾는자에 게 그늘이 되어주시는 하나 님
F C/E B♭/D C/E F F/A
주 의날개아래 서 보 - 호 받게하시는 하나 님
B♭ F/A F F/A C
지 치고 피곤 한 나 의영 혼 에
B♭ F/A C C/E F
소 생과 치유 를 경 험하게하시 네
F C/E F B♭/D C/E F
나 의피 - 난처 요 나의반석 나의요새 되신 - 주
F C/E F B♭/D C/E F
나 를지켜주시 니 나는두려 움 - 없네 난자유 해

95 천국을 향해 나아가는

작사 & 작곡 이순희
천 국을 향해 나아 가는 성도 에게 주시 는 행복 -
평 강과 기쁨 을 주는 능 력 천국 소 망
영적 전쟁에서 담대히싸워 승리케하는 천 국 소망 -
참소망되 - 시는 예수와함께 천국향해나 가 리
열 매를 향한소 망 사 명을 향한소 망
내 안에 충만하 여 내 삶을 이끄시 네
나 이제 천국 소망 품고 천국 의복 을 - 누 리리 -
소 망없 는자에 게 천국 소 망 전하 리 라

하나님을 가까이 96

약 1:6-8, 4:8

작사 & 작곡 이순희

♩= 80
1.하 나 님을가까 이 하 라 너희를 가까이 하시리 라
2.오 직 믿음으로 구 하 고 조금도 의심하 지 - 말 라
죄 인 들아손을 깨끗이하라 마음을 - 성 - 결 - 하게하 라
의 심 하는자는 바람에밀려 요동하는바닷물결 같 - 으 니
오 직믿음으로 구 하 고 조 금도 의심 하지말 라
의 심하는자 는 바 람에 밀려 요동하 는
바 - 닷물결 같 으 니 이런 사 람 은
무 - 엇이든 지 주께얻기를 생각 하지말 라
하 나 님을가까 이 하 라 두마음 버리고 주께나오라
온 맘 다해주를 사랑하 라 주님예비하신복 받으리 라

F 여자

97 하나님을 찬양하라

시편 150편

작사 & 작곡 이순희

하나님을찬 양 하라 그의성소 에서 하나님을 찬양하 며
그의권능의 궁창 에서 그의이름 찬양 할지어 다
그 의능하신 행 동 을 찬 양 하 며
그 의지극히 위대하심을 찬 양할지어 다
나 팔 소리로 찬양하며 비파와 수금으 로
찬 양 할지어 다 소고치며 춤 추고찬양하 며
현악과 퉁소로 찬양할 지 어 다 큰 소리 나는제금으로
높 은 소 리 나는 제 - 금 - 으로 찬 양 할지어다
호흡이 있 는자 마다 여호와를 찬양 할지어 다

고난의 밤에도

98

작사 & 작곡 이순희
고 난의 밤에도 우린 기 도하 네
고 난의 밤에도 우린 노 래하 네
날 사랑 하시 는 주 님 께 맡 기 고
모 든것합력하 여 선을이루시는주 님
나 보다나를더 사랑하시는주께 내인생맡겨드렸 네
하 나님 사랑이 나 를감싸주시 네
어 둠을 밝히는 사 랑의빛속에 서
감 사와 찬양 이 가 득 넘 쳐흐 르 네
평 안과 기쁨 이 가 득 넘 쳐흐 르 네

F
여자

99 꿈길을 걸어

작사 김지원
작곡 이순희

♩= 84
꿈길 을 걸어주님이계 신 은혜의 강가로 나 갔 네
맑은 물 가운데 누워나를보고오라 하시는나 의 주 주
두려 움 속에망설이는 마음으로 주님의손잡 았 네
은혜 의 강물에서나를 깨끗케하사 정결케씻으 시 네
더 럽 고추악한 나의모든죄 깨끗하 게 씻겨주시네
지 금 도 우리에게 오라손짓하 시지 만 외면하네 뿌리치네
오늘도 나의주님 기다 리시네 하염없이시간만 흘러가네
사랑 의 손길을 펼치 시기위해 - 지금도찾고계시 네

Dm A/C♯ A Dm/F Gm A
속히 오 라 - 말씀하시 네 천국을 준비하 신 나의 주
A/C♯ Dm A/C♯ Dm A/C♯ Dm
날마 다 주님과 함께 하며달려가네 천국을향 하 여

고난이 유익이라네 100

작사 & 작곡 이순희

♩= 76
Dm A/C♯ Dm Gm/B♭ A A/C♯
고 난이유익이라 네 주를믿는자 에 게
Dm A/C♯ Dm Gm/B♭ A A/C♯ Dm Dm/F
모 든것을합력하 여 선을이루시는하나 님
Gm Dm/F A Gm A
주 안에 있는 자 어떤상황가운데서 도
Gm Dm/F A A/C♯ Dm
해 를받지않 네 주님내게새힘주시 네

101 고통스럽게

내적치유

작사 & 작곡 이순희

♩= 80
Dm Dm/F Gm7 Dm/F Gm A A/C♯
고 통스럽 게 하는 내 면의두려 움
5 Dm Dm/F Gm7 Dm/F A Dm Dm/F
환 경보다 더 무서 운 것은두려 움
9 A Gm7 A Dm/F A
생 각의 출-처가 어 둠이라 면
13 A Gm7 A Dm/F A A/C♯ Dm Dm/F
어 둠을 인정하고 내 려 놓아야하 네
17 Gm Dm/F Gm7 A
주 -님의 찬란한빛 우 리의상처로인 한
21 Gm Dm/F E° Dm/F A A/C♯ Dm
우 -리의 병든생각 고 쳐 주 시 네
25 Dm Dm/F Gm7 Dm/F Gm A A/C♯
오 직예 수 의 은혜 로 가득 채울 때
29 Dm Dm/F Gm7 Dm/F A Dm
깊 은내 면 의 상 처 치 유일 어나 네

내 영혼에 어둠의

102

작사 & 작곡 이순희
♩= 80
내영 혼에 어둠 의 그림자 드 리워 질 때
사랑 의나 의 - 주 회개의영 부 어주 시 네
눈 물로기도하 며 회 개 할 때 에
어 둠의그 - 림 자 사 라 져 가 네
어둠의그림자 벗겨 지는날 주님의빛에안겨 새로워지네
어둠의그림자 벗겨 지는날 죄에얽힌사슬 모두풀리네
내영 혼회개의노래 로 새로운 축 복맞이하 네
내영 혼회개의노래 로 새로운 인 생살아가 네

103 내 힘과 생각으로

내적치유

작사 & 작곡 이순희

♩=76
Dm A/C♯ Dm A/C♯ Gm/B♭ A Dm/F
내 힘과 생각으로 통제할수 없는모습에 좌절하며 -
5 Dm A/C♯ Dm A/C♯ Gm/B♭ A A/C♯ Dm Dm/F
우 울과 열등 감에 외로움과 고독에신음 하는 내 영 혼
9 Gm Dm/F A Dm/F A
내 -면의 고통으로 울 부짖 으 며
13 Gm Dm/F A Gm A Dm
괴 -로움과 외로움 에 몸 부림 치 네
17 Dm A/C♯ Dm A/C♯ Gm/B♭ A A/C♯ Dm
그 때나 의주 내게 능력의손 치료의손길로다가 오 시 네
21 Dm A/C♯ Dm A/C♯ Gm/B♭ A A/C♯ Dm
내 안의 깊은 질병치료하시고 영혼육의자 유함 허락하셨네

내가 맞다 생각한 나 104

작사 박진호
작곡 이순희

내 가맞다 - 생각한나 - 똑똑하 다 - 생 각한 나 -
다 해봤 다 - 생각 한나 - 완 전하 다 - 생 각 한 나 -
하지만내게무슨 열 매있 나 - 주 님마음기쁘게 한 적있 나 -
오히려교만과욕 심 만가 득 - 사 망의열매만맺 고 살 던나 -
감 추어 있는 더러운 죄성 숨 겨져 있는 부패한 본성
속 이고 고집 부 - 리 다가 친 구이 웃을 힘들게 한나
나 는 정말몰랐 네 내 가 제일못났 네
이 제 야깨달았 네 주 님 없 인못살 아
깨닫게하신 주의은혜 - 완악한날 - 깨뜨리시네
깨 어진만큼 얻는지혜 - 빛나는삶 - 살 게 하 시 네

F
여자

105

보혈로 맺어진

보혈

작사 & 작곡 이순희
보 혈로 맺어 진 영 원한 사 랑
우 리를 구원하 신 주 님의 은 혜
한피받아한몸이 룬 우리들에게 서로서로사랑하라 말씀하시네
십자가에서흘리 신 주의보혈로 우리 죄씻으시고정 결케 하셨 네
주 님 의핏값으 로 우리를 사신사랑의나의주님 말씀하시네
먹 든 지마시든 지 무얼하 든지주의영광위해 살라하시 네
주 보혈의능력 을 전 파하 리 라
주 보 혈의능력으 로 살 아가 리 라

상처 입은 마음에 106

작사 & 작곡 이순희
♩= 76
상 처 입은 마음에 손내 밀어 사랑의강을 건 너게하시네
주 님 손을 잡 - 고 사랑 의강 건너는순간 빛나는내영혼
세 - 상의 모든것 배 설물로 여겨지 네
하 - 늘을 바라보며 사 랑의주님과동행하 네
내 영 혼깊은 곳 에 찬 - 양 의 향기가피어나 네
내 영 혼깊은 곳 에 감 - 사 의 향기가넘쳐나 네

107 상처에 갇혀

내적치유

작사 & 작곡 이순희
♩=70
상 -처에 간혀 울고 지내던 수 많 은날 들
주 -님의 사랑 깨닫지못하 고 곤 고 한 인 생
더 이상 살아 갈힘 없어 주 님께나아갔더 니
사 랑의 주님 내게오셔서 모든아픔치료하시 네
나를 품에 안아 주시네 내게 평안 허락하시네
나의 눈물 닦아 주시네 내게 기쁨 허락하시네
주 -님의 사랑 우리 모두 를 감 싸 주 시 네
나 -이제 주안 의참 된평 강 누 리 며 사 네

십자가의 능력을

작사 & 작곡 이순희
♩=76
십 자가의 능-력을 체 험하는만 큼
담 대한삶 변화 된 삶 사명에 몰입한삶 살게하시네
십자가의능력으 로 주님의뜻 이루 고
십자가의사랑으 로 주를기쁘시게하 네
십 -자가를 의지하 면 그무엇도두렵지않 네
십 -자가를 의지하 면 진리안에자유하 네
내 인생의 고난 통해 십자 가보게하시 네
십 자가의 능력 으로 사-명 감당하게 하-시 네

109 여기저기 부딪치는

내적치유

작사 & 작곡 이순희

♩=76
Dm A/C♯ Dm Gm/B♭ A A/C♯
여 기 저 기 부 딪 치 는 모 난 나 의 모 습
5 Dm A/C♯ Dm A/C♯ Dm
교 만 하 고 사 랑 없 는 미 련 한 내 모 습
9 Dm A/C♯ Gm/B♭ A/C♯ Dm
내 생 각 과 이 론 을 - 내 려 놓 지 못 하 고
13 Dm A/C♯ Gm/B♭ A/C♯ Dm Dm/F
하 나 님 과 이 웃 과 - 소 통 하 지 못 했 네
17 Gm Dm/F Dm A/C♯
그 - 러 나 하 나 님 - 치 료 의 빛 비 추 사
21 Gm Dm/F Dm A/C♯ Dm
부 - 끄 러 운 내 실 체 - 직 면 하 게 하 시 고
25 Dm A/C♯ Dm Gm/B♭ A A/C♯
예 수 닮 는 삶 - 으 로 온 전 히 변 화 되 어
29 Dm A/C♯ Dm A/C♯ Dm
그 리 스 도 의 - 향 기 나 타 내 기 원 하 네

외롭고 곤고한

작사 & 작곡 이순희

♩= 76
Dm Gm/B♭ A Gm A A/C♯
외 롭고 곤고 한 내영혼 살 아갈 길없 어
5 Dm Gm/B♭ A Gm A A/C♯ Dm Dm/F
한 없이 어둠 속 헤매며 살 아가 네
9 A Dm/F A/E Dm A/C♯ Dm A/C♯ Dm Gm/B♭ A
영적인갈급함 해결하지못해 방황하고있을 때
13 A Dm/F A/E Dm A/C♯ Dm Gm/B♭ A/C♯ Dm Dm/F
살소망끊어져 낙심하고 있을때 찾아오신 주 님
17 Gm Dm/F Dm A/C♯ Dm Dm/F
사 랑 의 하나님 굳은 내맘 녹이 사
21 Gm Dm/F A/E Dm A/C♯ Dm
생 명 의 길 진리 의 길로 인도 하시 네
25 Dm Gm/B♭ A Gm A A/C♯
나 이제 새로 운 삶으로 변 화되 었- 네
29 Dm Gm/B♭ A Gm A A/C♯ Dm
오 직주 님사 랑 전하며 살 아가 리

111 주님의 자비와

작사 & 작곡 이순희
♩= 80
Dm A/C♯ Dm A/C♯
주님 의자 비 와 긍 휼을 품 은
5 Dm A/C♯ Dm A/C♯ Dm Dm/F
우리 의삶 - 이 세 상을 비추 네
9 Gm A Dm/F Gm Asus4 A
고달 픈이에게 손을 내밀어 주님 의사랑을 나누며사네
13 Gm A Dm/F A Dm/F Dm Gm/B♭ A/C♯ Dm
삶의 무게에짓눌 린 자들에게 주님 의크신사랑 전하며사네
17 Dm A/C♯ Dm Gm/B♭ A A/C♯
세상 의어 둠 밝히는찬양 내입술에두셨으 니
21 Dm A/C♯ Dm A/C♯ Dm
나는 찬양 하 리 영 원토록찬양 해

하늘에서 맑은 물을 112

작사 & 작곡 이순희

♩= 80
하 늘에 서 맑은물 을 내 게내려주시 네
모 든더러운것과 우상숭배에 서 나 를정결케하 네
새 영과새마음 내게주시고 굳은마음제거하시 네
성 령의맑은물 나의죄씻어 말씀대로살게하시 네
나 이 제 거 룩 한 주 의자녀되었 네
왕 같 은 제 사 장 거 룩한 나 라
어 둠에 서 빛 으 로 인 도하신나의 주
주 의선전물되 어 많은영혼 주 께로인도하 네

F
여자

113 해결할 수 없는

내적치유

작사 & 작곡 이순희
♩= 76
해 결할수 없는 나의한계 인생의문제앞에 서
절 망하여 일어 날수없던 연약한나의영 혼
사 -랑의 하나님 나 에게찾 아 와
권 -능의 손길로 나를어루만 지시 네
능력의손길로 모든결박풀어 자 유하게 하시 네
치료의손길로 나의모든아픔 치료하여 주시 네
나 는이제 어떠 한풍랑이 나에게찾 아와 도
전능 하신주 손길 의지하여 담대히나아가 리

길이요 진리요 생명되신 114

작사 & 작곡 이순희

♩= 80
길 이요 진리요 생명 되신 예수 그리 스 도
우 리의 삶을 자유케 하네 예수 그리 스 도
끝없 는사랑으 로 우리인생뜨겁게하 네
예수 안에거하는 자 부족함이없 다 네
결핍에묶인자 상처에매인자 주앞에나아오시 오
예수그리스도 그이름믿는자 묶임에서자유케되 네
길 이요 진리요 생명 되신 예수 그리 스 도
우 리의 삶을 자유케 하네 예수 그리 스 도

115 사랑의 나의 주님

작사 & 작곡 이순희

♩= 80
사 랑의 나의주 님 능 력의 나의주 님
내 영혼 충만하 게 채 워주 시 네
성 령의강한능 력 내영혼의결박푸시 네
성 령의강한능 력 내영혼 자유케하 네
사랑 의나의주 여 성령충만 간 구하 오 니
나의 영혼 - 위 에 성령의불 내 려주 소 서
성 령불로 - 나를태 워 정 결케 하 - 시 고
권 능으로 - 주의사 명 감 당케 하소 서

성령님 내게

작사 & 작곡 이순희
♩= 78
성령 님 내게 뜨거 운 성령 의 불을부 으 사
잠든 나 의영 깨우 고 정결 케 하여주 소 서
하나 님 이시간 치료 의빛 내 게비춰주소 서
병든 내 영-혼 강건하게 하 여주 소 서
능 력의주 사 랑의주 치 료의주 소 망의주
내 영혼강하게 붙드시 고 새 날을허락하소 서
주의 능 력나를붙드 사 나를 정 결케하 셨 네
이제 주 영광 위하 여 나의 생 명드 리 리

117 아무도 모르는

작사 & 작곡 이순희

♩= 80
G Am C D D/F♯
아무 도모르는 나의연약함 주님 은아 시 네
G Am C D D/F♯ G G/B
누구 도모르는 나의추악함 주님 은아 시 네
D C D G/B D
나 의주 말씀 의 빛으로 내 영혼 비추 사
D C D G/B C D G
나 의주 더럽 고 추악한죄 발 견케 하시 네
G Am D/F♯ G Am D/F♯
회 개의은혜주시 사 은밀한죄 회 개케 하시 네
G Am D/F♯ G D/F♯ G
성 결의은혜베푸 사 나의영혼 정 결케 하시 네
G Am C D D/F♯
이제 는주님의 사랑의손길 나는 느낄수있 네
G Am C D D/F♯ G
더럽 고추한죄 떨쳐버리고 주의 뜻이 루 네

영광스런 저 천국

118

작사 & 작곡 이순희
♩= 80
영 광스런- 저 천 국 주 님계 신 곳
영 광스런- 저천국 향해 달 려나가 세
저 천국향해 달려가는자 사 명에몰입하여 상급쌓네
영 원한천국 바라보는자 충성하고섬기며 상급쌓네
이땅 에사는동안 천국에 상급쌓을 기회주신하 나 님
이땅 에썩을것으 로심고 영원한것 바라보며살 겠 네
욕 심교만- 내려놓 고 천 국향해가 리
욕 심교만- 내-려 놓고 달 려가 리 라

G
여자

119 예수님 나의 영혼

작사 & 작곡 이순희

♩= 80
G D/F♯ C/E G Am C D D/F♯
예 수님 나의영혼깨우사 - 새사람이되게하소 서
5 G D/F♯ C/E G Am D/F♯ G G/B
예 수님 나의영혼깨우사 - 진리안에자유케하소 서
9 D G/B D G/B
사 랑 의 주 위 로 의 주
13 D G/B C D D/F♯ G
치 료 의 주 능 력 의 주
17 G D/F♯ C/E G Am C D
이 시간 나의영혼깨우사 - 새날허락하여주시 네
21 G D/F♯ C/E G Am D/F♯ G
이 시간 나의영혼깨우사 - 행복한삶살 - 게하시 네

주 안에서 항상

120

빌 4:4-7

작사 & 작곡 이순희

♩= 80
주 안 에서 항상기뻐하라 내가다시말하노니 기뻐하 라
너의관 용을 모든사람에게 알게하라주께서가 까우시니라
아 무것도 염 려하지 말 고 다만 모든일 에
기도 와간구로 너 희구할 것 을 감 사 함 으 로
하 나 님 께 아 뢰 라 그 리하 면
모든 지각 에 뛰 어 난 하 나님의평강 이
그 리 스도 예수안 에서 너희생각과마음지 키시리 라
모든근심걱정 주께맡 기세 기뻐하며행복한삶 살아가 - 세

G
여자

121 준비합시다

작사 김지원
작곡 이순희

♩= 100
G Am C D G/B D G/B
준 비합시다 준비합시다 예 수맞을준비 합 시 다
D C G/B C D G G/B
더 이상 미루지마세요 내일로 미루지마세 요
D G/B D G/B D G/B D
도적같이 임하 실 주님을 맞을준비합 시 다
D G/B D G/B C G/B C D G
지금깨어 일어 나 신부옷 입고 단장 합시 다
G Am C D G/B D G/B
준 비합시다 준비합시다 천 국문이닫히 기 전 에
D C G/B C D G
주 님이 오시기전 - 에 주님맞을준 - 비합시 다

참된 그리스도인은 122

작사 & 작곡 이순희

♩=78
G C/E G/D Am/C G/B C D D/F♯
참된 그리 스도 인 은 영의세계 바로아 네
5 G C/E D Am/C D D/F♯ G
영적 지식 능력 겸비하여 어둠 에속 지않 네
9 Am D/F♯ Am D/F♯
영 의눈과귀열 어 주를보고음성듣 네
13 Am D/F♯ Am D/F♯ G
영 적분별력으 로 사탄에게속지않 네
17 G D/F♯ C/E G/D Am/C G/B C D D/F♯
하나 님을 아는 지식으로 지혜롭고 성결하 게
21 G D/F♯ C/E D Am/C D D/F♯ G
하나 님사 랑 이웃사랑 실천 하며 살겠 네

123 하나님의 능력의

작사 & 작곡 이순희

♩= 80
G G/B C G/B D A/C♯ D
하 나님의 - 능력의손은 기도하는자를붙들 고
G G/B C G/B D D/F♯ G G/B
하 나님의 - 사랑의눈은 기도하는자에게머무 네
D G/B Am C D
마음속에풍랑이일 때 기도하면평안주시 고
D G/B C D D/F♯ G
두려움이몰려올때 에 기도하면담대해지 네
G G/B C G/B D A/C♯ D
인생 의환난 - 이기게하는 진실한 기도의능 력
G G/B C G/B D D/F♯ G
진실 한기도 - 능력기도로 기쁨넘치는삶을살리 라

내적치유

견딜 수 없는

124

작사 & 작곡 이순희

♩= 76

Em B/D♯ Em B/D♯

견 딜수 없 는 수 많은 상처 를

Em B/D♯ Am/C B/D♯ Em Em/G

마 음가 득 부둥켜안고 고 통중에있을 때

Am B Em/G B Am B

사랑의 주앞에 나 아와 간 절히기도했 네

Am B Em/G B B/D♯ Em Em/G

주님의 따뜻한 치유의 손길 나를치료하심느끼 네

Am B Em/G B F♯° F♯°/A B

아 픔과 고통속에매여 울고있는나를감싸 며

Am B Em/G F♯° B/D♯ Em

새 로운 희망을 안겨주시 는 사랑의 나의 주

Em B/D♯ Em B/D♯

능 력의 주 를 찬 양하 리 - 라

Em B/D♯ Am/C B/D♯ Em

주 의사 랑 느끼면 서 진 리안에자유 해

125 곤고한 내 영혼

내적치유

작사 & 작곡 이순희

♩= 78
Em B/D# Em B/D#
곤 고한 내영 혼 외 로운 내영 혼
5 Em B/D# Em F#° B/D# Em Em/B
내 인생 내맘 대로- 살 아보려했지 만
9 Em F#° B/D# Em Am/C B B/D#
내게남은것 슬 픔과 아 픔뿐 이 네
13 Em F#° B/D# Em B/D# Em
맡기지못한 내 영혼 괴로움만더해가 네
17 Em B/D# Em B/D#
나 이제 내영 혼 주 께맡 기- 네
21 Em B/D# Em F#° B/D# Em
성 령의 인도 받아- 참 된평강얻었 네

내 영혼 깊은 곳에

작사 & 작곡 이순희
♩= 76
Em B/D# Em Em/G B B/D#
내 -영혼 깊은 곳에 뿌리깊이숨겨진 상 처 는
Em B/D# Em Em/G B B/D# Em Em/G
말 -씀의 빛을 받아 깨끗하고정결하게 씻 기 네
Em B/D# Am/C Em F#° B/D# Em B/D#
지 금까 지 상 처 에 속 아 원망하며헛된삶 살아왔지만
Em B/D# Am/C Em F#° B/D# Em
하 나님 께 나 의 연 약 함 추 악 함 을 회 개 했 네
Em B/D# Em B/D# Em B/D#
우리주의성령이 말씀의 빛을비춰 깨닫게 하 시 네
Em B/D# Em B/D# Em Em/B
변화될수없 는 더러운 이 - 죄인 완전히 변화됐 네
Em B/D# Em Em/G Am B B/D#
이 - 제나는 더 - 이상 상 처에속지않고 살아가 네
Em B/D# Em Em/G B B/D# Em
내 - 상처는 별이 되어 주의영광나 타 내 리 라

G — 여자

127 너희가 이제

벧전 1:6-7

작사 & 작곡 이순희

♩=78
너 희가이제 여 러가지 시험 으로인 해
잠 깐 근심하게 되 지않 을 수 - 없-으 나
오 히려 크 게기 뻐 하 도 다
너 희 믿음의 확 실함은 불로연단하 여 도
없어질 금보다 더 귀하여 예수그리스도께 서
나타 나실 때 에 칭 찬과영 광 과
존귀 를얻 - 게 얻게 할 것 이 니 라
사 랑의주님 시 련을 통해 나 를 연단하시 네
칭찬과 영광과 존 귀를 받는 인 생 살게하시 네

무너진 마음으로

작사 & 작곡 이순희
♩= 72
무 너 진 마음으 로 살아갈 이 유 모르 고
막막 한 인생앞 에 답답하 고 아 픈내영 혼 (무너)
현 실에 놓여 진 문제에 눈 물만흐 르 네
절 망의 순간 에 찾아오신 사 랑의나의주 님
고 통 의 순 간 에 하늘소 망 품게 하시 네
위 의 것 생각하 며 오직주위 해 살 아가리 라

129 어둠 속에 갇혀

내적치유

작사 & 작곡 이순희
♩= 74
어둠 속에 갇- - 혀 헤매이던나 날 들
갈길 몰라 헤매이 며 방황하던나 날 들
마음 깊은 곳에 서 울부짖는내 영 혼
참만 족얻 지못 해 고통스런내 영 혼
상 처로가득한 나의 영혼 아무도 나의마음 알지못해 -
외로움만 가득 쌓여 가네 상처에갇혀고통속에 헤매일때에
주 - 님의 밝은빛 나 를 감싸주시 네
주 - 님의 밝은빛 나를 치료하시 네
어둠 의그림자 떨쳐버리고 주와함께행복한길 걸 어가네
내맘 에피어난 희망의꽃은 상처 를극 복할 힘 되 네
주님 의사 랑 이 나를감싸주 시 네

37
Em
Em/G
Am
B
Em
주님 의손 잡 고
행복한길걸어가 네

주님의 은혜 130

작사 & 작곡 이순희

♩= 80

주 님의은 혜 주님의 사-랑 내게 임하소 서

주 님의능 력 주님의 평 강 나와함께 하 소 서

사 랑의 나의주 능 력의 나의주

치 료의 나의주 나와함께하 시 네

나 는이 - 제 주의능 력으로 복음 전-하 리

나 는이 - 제 주사랑 으 로 진리안에 자 유 해

131 아무것도 할 수 없이

작사 & 작곡 이순희

♩= 76
아 무 것도 할 수 없이 무 기력 한 나
우 울 감과 절 망 감에 빠 져버 렸 네
감 당할수없는 고난으로인해 그 어 떤것도 할수없었네
세 상살아갈힘 모두잃어버렸 네 처 절하게 몸부림 칠때
사 -랑의 나의주님 빛 으로다가오셨 네
한 -없는 사랑으로 상 한맘고쳐주셨 네
소망주 시고 새힘주 셨네 능 력주 셨 네
열 정 다해 땅 끝 까지 복 음전 하 리

좁은 길 생명의 길

132

작사 & 작곡 이순희
♩= 90
좁 은길 생명의길 넓 은길사망 의길 좁은길로 갑 시 다
인 생에 여러가지 길이있지만 결국은 넓은길과 좁 은 길
넓 은길에 있는 자 행복하다하지 만 그 - 끝은 멸망뿐이네
넓 은길을택한 자 부 요하다하지 만
그 영혼의곤고 함 결 핍알지못하 네
넓 은길 의 끝 절망과 사망뿐이 네
넓 은길로 가는 어리석은자 이시간 좁은길로 돌 이 켜
영 원한생 명 길 거룩한길그길 로 천국향해 달려갑시다

G
여자

133 죄의 자리에

작사 & 작곡 이순희

♩= 76
죄 의자리에 머물러있는 나 의인 생 길
아 무리채워도 허무함과공허 슬 픔뿐 - 이 네
무 능에빠져 - 버 려 진 나의인생 길잃은 아이처 럼
슬 픔에빠져 - 고통스 런 무기력한 삶 - 을 살아왔 네
강 력 한 성령의 불 나의죄를태워주시 네
강 력 한 성령의 불 내마음을변화시키 네
이 제주님의뜻 깨달았 - 네 새 롭게 되었 네
죄 의자리에서 벗어났 - 네 진 리안에자유 해

하나님은 우리의 134

작사 & 작곡 이순희

♩= 80
Em B/D♯ B Am/C B Am B
하 나님은- 우 리의죄와허물 사 해 주 시 네
Em B/D♯ Am B B/D♯ Em
죄 중에 태어 난 우리- 죄의권세이길수없 네
Em F♯° B/D♯ Em Am/C B/D♯
의 인은없 나 니 하 나도 없 네
Em F♯° B/D♯ Em B/D♯ Em
그 러나죄의권 세 이 기신 주 님
Em B/D♯ B Am/C B Am B B/D♯
사 랑의주- 능 력의주우리와 함 께 하 시 네
Em B/D♯ Am B B/D♯ Em
십 자가 의능 력 으로- 날 마다승리하리 라

G — 여자

135 하나님의 능력의 손이

작사 & 작곡 이순희

♩= 76
하나 님 의능력의 손이 연약 한 내영혼 붙드 사
가치 없 고연약한 자 라도- 주님 의 능력의손붙들 면
보배 롭 고존 귀 한 인생으 로 역전되 네 (하나)
오 나의주 님 사 랑 의 나의주 님
오 나의주 님 기 적 의 나의주 님
능력의손으로 날붙드소서 사랑의손으로 날이끄소서
연약한내인생 주께맡기니 강력한주의손 날붙드소서
세상 이 감당못할 믿 음 굳건 한 믿음주 시- 고
오직 주 의영-광 나타내는- 삶- 을 살게하 소 서

가슴 벅차게

작사 & 작곡 이순희
♩= 70
가슴 벅 차게 다가 온 주님 의 크신 - 은 혜
감사 와 기쁨 넘치 네 그사 랑 에감격 하 여
말로 다 표현 - 할길 없어 감사 의 - 눈물만 흐르 네 네
말로 형 용할수 없는 은혜 하염 없이 눈물만 흐르 네 네
영 원 히 영원히 죽 을수밖에 없 는
이 죄 인 위하여 십 자 가를지셨 네
내영혼에다가와 속삭이시네 내가너의모든죄 를
보혈로대속했으니 너는자유해 내가너를구원했 으 니
주의 따 뜻한 음성 이 나를 깨 닫게하 시 네
주의 끝 없는 사 - 랑에 가슴 벅차 눈물만 흐르 네

A

여자

137 강력한 치료의 빛

작사 & 작곡 이순희
♩=90
강 력한치료의 빛 내영혼에비 치 니
묶 였던내영혼 에 참된자유임 하 네
Fine
완전한치유는 완전한자유만드 네 완전한자 유
성령의능력은 속사람강건케하 네 강건케 - 해
공 의로 운 태양이 신 예 수그리스 도
치 료의 광선 비 - 추 사 모 든문제해결 하 시 네
D.C

깨닫는 것이 은혜라네

작사 & 작곡 이순희
♩= 90
깨 닫는것이 은혜라 네 깨 닫는것이 축복이라네
인 생의문제는 깨달음의문제 깨달음의문제라 네
성 령이임하시면 깨 - 닫게되네 모든것을알게되 네
주 님의 크신사랑을 깨 닫게 되 네
주 님의 진리의말씀 깨 닫게 되 네
마 음의눈이 열 리 네 영 의귀가 열리 네
주님예비하신 축 - 복 받 아 누 리 리

139 끝없이 흐르는

작사 & 작곡 이순희

♩= 90
Ab Db/F Eb Ab/C Db Eb Eb/G
끝없이 흐르는 성령의생수 모든죄 깨끗케 씻어주시네
Ab Db/F Eb Ab/C Db Ab/C Db Eb Ab
끝없이 흐르는 성령의생수 내영혼 충만케 채워주시네
Fine
Ab Eb/G Db/F Ab/Eb Db Eb Eb/G
말 로다 표현못할 주 님의 은 혜
Ab Eb/G Db/F Ab/Eb Db Eb Eb/G Ab
감 사의꽃 피 - 어 나 흐 르는 눈 물
Ab Eb/G Eb Db Eb
나 이 제 만 족 해 나 이 제 평 안 해
Ab Eb/G Db/F Eb/G Ab
나 이 제 기 뻐 해 진 리 안 에 자 유 해
D.C

분별의 빛 비추시는 140

작사 & 작곡 이순희

♩= 100

Ab Ab/C Db Ab/C Bbm Bbm/Db Eb Eb/G

분 별의 빛 비추 시는 예 수그리 스 도
능 력의 빛 비추 시는 예 수그리 스 도

5 Ab Ab/C Db Ab/C Bbm Eb/G Ab

갈 길몰 라 헤매 이는 내인생인도하시 네
어 둔바 다 가운 데에 빠진자건 - 지시 네

9 Eb Db Eb Db Eb

사 랑의빛 비 추시는 예 수그리 스 도

13 Eb Db Eb Db Eb Ab

외 롭고 곤 고한영혼 깨 워주 시 네

17 Ab Bbm Eb/G Ab Bbm Eb/G

강력한빛 비추시는 예 수그리 스 도

21 Ab Bbm Eb/G Db Eb Eb/G Ab

그빛앞에 나아가는자의 영 혼깨우 시 네

25 Ab Ab/C Db Ab/C Bbm Bbm/Db Eb Eb/G

나 의영 혼 깨우 는빛 예 수그리 스 도

29 Ab Ab/C Db Ab/C Bbm Eb/G Ab

그 빛안 에 거 - 하여 치유받고변화되리 라

141 사랑으로 세상을

전도

작사 & 작곡 이순희

♩=90
사랑으로세상을 변화시키는 주님의 동역자로 살아가리라
사랑의 줄에매여 복음전하는 주님의 동역자로 살아가리라
영 원토 록 변함없 는 주 의사랑본받 아
조 건없 는 사랑으 로 주 의복음전하 리
담 대하 게 전 진하 세 사 명향 해 달 려가 세
갈길몰라 길을 잃고헤매는영혼 복음듣고기뻐하며 돌-아오네
하늘에서 천국 잔치열리는듯해 내영혼기뻐뛰며 노래부르네
주 님기 뻐 하 시 네 기 뻐 하 시 네 죽 어가 는영 혼주 께 돌아오-네
예 수님 기 뻐춤 을 추 시는듯해 하 늘나 라확 장되 기 에

영광스런 부활의 아침 142

작사 & 작곡 이순희

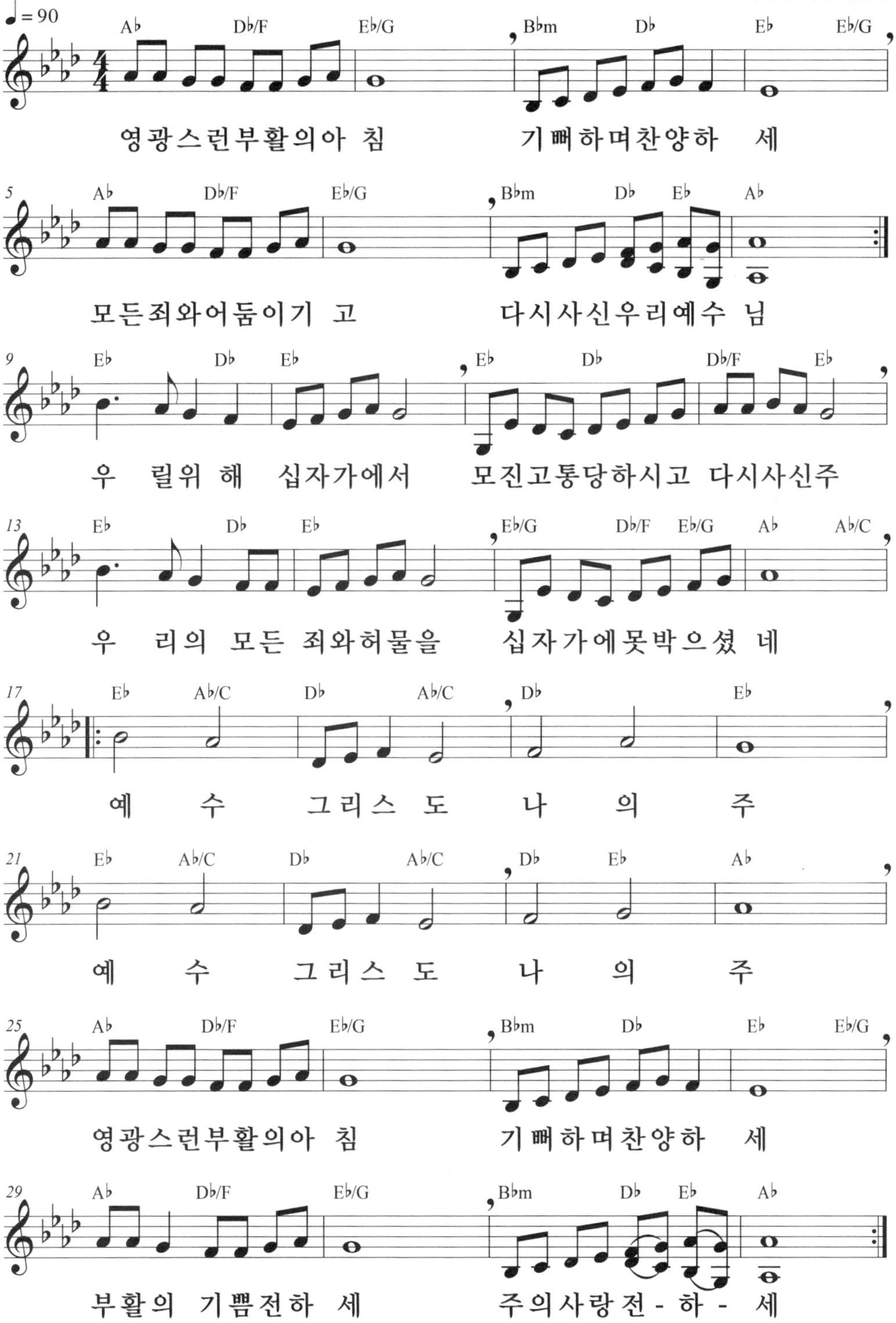

♩= 90

A♭ D♭/F E♭/G B♭m D♭ E♭ E♭/G
영광스런부활의아 침 기뻐하며찬양하 세

5 A♭ D♭/F E♭/G B♭m D♭ E♭ A♭
모든죄와어둠이기 고 다시사신우리예수 님

9 E♭ D♭ E♭ E♭ D♭ D♭/F E♭
우 릴위 해 십자가에서 모진고통당하시고 다시사신주

13 E♭ D♭ E♭ E♭/G D♭/F E♭/G A♭ A♭/C
우 리의 모든 죄와허물을 십자가에못박으셨 네

17 E♭ A♭/C D♭ A♭/C D♭ E♭
예 수 그리스 도 나 의 주

21 E♭ A♭/C D♭ A♭/C D♭ E♭ A♭
예 수 그리스 도 나 의 주

25 A♭ D♭/F E♭/G B♭m D♭ E♭ E♭/G
영광스런부활의아 침 기뻐하며찬양하 세

29 A♭ D♭/F E♭/G B♭m D♭ E♭ A♭
부활의 기쁨전하 세 주의사랑전 - 하 - 세

143 자비와 은혜가

작사 & 작곡 이순희

♩= 100
Ab Eb/G Fm7 Bbm Eb/G
자 비와은 혜 가 우 리를감 싸 며
Ab Eb/G Fm7 Bbm Eb/G Ab Ab/C
예 수의사 랑 이 우 리를이 끄 네
Eb Db Ab/C Eb Db Eb Db Ab/C Eb
주님과동행하는 우리의손이 세상을치유하고 회복시키 네
Eb Db Ab/C Eb Db Eb Db Eb Ab/C
소외된이웃에게 주사랑으로 섬김과나눔을 실천하며
Ab Eb/G Fm7 Bbm Eb/G
영원토록주 님 을 찬 양하며 사 네
Ab Eb/G Fm7 Bbm Eb/G Ab
영원토록주 님 을 높 이 - 며 사 네

전신갑주 입고

작사 & 작곡 이순희

♩= 90

Ab Eb/G Ab Eb/G Db/F Eb/G Ab

전 신갑주입고 전진하라 전 신갑주입고 전진하라

5 Ab Eb/G Ab Bbm Ab/C Eb Ab/C Db Ab/Eb Eb

오 직너 하나 님의사람아 전 신갑주입고 전진하라

9 Ab Bbm Eb/G Ab Bbm Eb/G Ab Ab/C

모든죄 피하고 악한 영물리치는 군 사되어 라 -

13 Eb Ab/C Ab Bbm Eb/G Ab Eb/G

의와경건 믿음과 사랑과 인내와 온 유따 르 며
겸손과 - 순종과 화평과 절제와 말 씀따 르 며

17 Ab Bbm Eb/G Ab Bbm Eb/G Ab

믿음의선한싸움 싸우 라 믿음의선한싸움 싸우 라

21 Ab Eb/G Ab Bbm Ab/C Eb Ab/C Db Ab/Eb Eb

하 나님 의 병사된자여 믿음의선한싸움 싸우 라

25 Ab Bbm Eb/G Ab Bbm Eb/G Ab

전 - 진 하 - 고 하나 님의 - 나라 확 장시켜 라 -

145 주님의 사랑으로

작사 & 작곡 이순희
♩= 100
주님의사랑으 로 하나된우리모 두
다같이함께모 여 주님께찬양드리 세
놀 라운주의사 랑 노 래 하 면 서
마 음문열고주 께 감 사 - 드 리 세
우 리 를 품어주신 끝 없는 사 랑
영 원 히 변치않는 주 님의 은 혜
주님의사랑에 빛진자되어 세상에주의사랑 나타내세
우리모두하나되어 손에손잡고 주의사랑전파하 세

주를 향한 열정이

작사 & 작곡 이순희

♩ = 90

주를향한 열정 이 나 를이끄 시 네

나의마음 뜨겁 게 불 타오 - 르 네

주 의사 랑 내 마 음 감 싸주 시 네

나 의삶 에 새 로 운 의 미를 주 네

열정의불꽃이 하늘에타올라 주를향한나의 노래퍼지네

열정의불꽃이 하늘에타올라 나오직주위해 살아가리라

주의사랑 찬양하 며 영 광돌 - 리 네

주의사랑 찬양하 며 기 뻐춤을 추 네

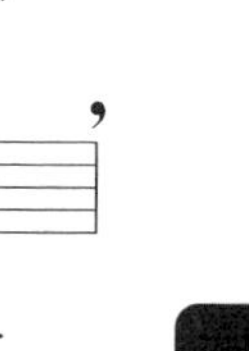

147 지혜로운 성도는

작사 & 작곡 이순희
♩= 90
지혜 로운 성도 는 시간 을아껴 쓰 네
지혜 로운 성도 는 주의 뜻이루며사 네
안일함과나태함 깨뜨리고 죽은 영혼 살리는삶을사 네
두려움과연약함 뛰어넘고 교회를 세우는 삶을살아가 네
담 대하 게 전진하 세 사 명향 해 달려가 세
찬 양하 며 달려가 세 기 뻐뛰 며 비상하 세
세상 이감 당못 할 믿음 과열정 으 로
주신 사명 이루 며 담대 하게살아가 세

지혜로운 자는

단 12:3, 약 5:19-20

작사 & 작곡 이순희

♩= 90
지혜로 운자 는 궁창의 빛과같이빛날것이 요
많은사 람을 옳은데 - 로 돌아오게한 자 는
별 과같 이 영원토 록 빛 나리 로 다
미혹되어진리를 떠난 자 돌아서게 하 면
그의영혼사망에서 구원하시고 허다한죄덮으시 네
우리모 두주 의 복음전 하며주의뜻 - 이루 세
성령의 인도 받아살면서 많은열매맺 으 세

149 포도나무 되신

작사 & 작곡 이순희

= 90
Ab Eb/G Db/F Eb Db Eb Eb/G
포도나무되신 나의주님께 붙어있어열매맺으 리
5 Ab Eb/G Db/F Eb Db Eb Ab Ab/C
포도나무되신 나의주님과 동행하여열매맺으 리
9 Eb Db Ab/C Bbm Db Eb
참 포도나무 되신주님께 선한열매맺어드리 리
13 Eb Ab/C Db Ab/C Db Eb Eb/G Ab
나무되신주님께 붙어있는가지는 저절로열 매맺 네
17 Eb Db Ab/C Bbm Eb/G
나 이 제 선한열 매 맺 기 위 하 여
21 Eb Db Ab/C Db Eb Ab
주 님 만 의 지 하 여 열 매 맺 으 리
25 Ab Eb/G Db/F Eb Db Eb Eb/G
열매맺게하시려 가지치기하시는 주 - 님께순종하 여
29 Ab Eb/G Db/F Eb Db Eb Ab
모든착함의로움 진실함의열매 빛의열매맺어드리 리

목소리 높여

작사 & 작곡 이순희
♩= 90
목 소리높여 주를찬양해 사 랑의주 찬양 해
온 세상위에 주의이름을 높 여 - 찬양하 라
주를 향한 사랑의노래 울 려퍼 지 네
하늘 과땅 온 세상에 차 고넘 치 네
주 님의 은 혜가 내 맘 가 득 해
주 님의 위대 하심 온 세상 전하 네
주 님의권능 우릴감싸네 권 능의주 찬양 해
온 세 상이 주 알도록 주 찬 - 양 하 라

151 샘 곁에 머무는 나무가

작사 & 작곡 이순희
♩= 90
샘 곁에머무는 나무 가 무성 하게자라담 장을넘듯이
샘 곁에머무는 성도 는 무성 한열매맺어 담장을넘네
우 리모두 샘 곁에심겨 튼 실한열매 맺 어
십 자가의 복 음전하며 축 복의통로 되 세
고 - 달프고 목 마른사람들 샘 곁으로 나아 오 시 오
마 - 르지않 는 샘을공급하시 는 주의품 안에 안기세 요
세 상이모르는 기 쁨 과 평강 과사 - 랑과 만족누리며
담 장을넘는축 복 으 로 축복 의통로되어 열매맺으리

세상이 감당 못할 152

작사 & 작곡 이순희

♩= 80
세 상이감당못 할 믿 음의 소유자들 열정을소유하 여
활 력이넘치는 삶 살 아가 네 열정가지 고
Fine.
열정적인 태도로 세상풍조 역행하고 열정적인 순종으 로
하나님마음감동시키 고 열정적인 충성으로 영혼살리 네
열 정적인 충성 으로 공 동체를이끌 어
열 정적인 예 - 배로 부 흥의불붙이 네
열 정을깨우는믿 음 뜨 겁게 만드는 믿음을소유하 여
한 계가없는인 생 불 가능 이 없는인생사 네
D.C

A
여자

153 예수 안에 있는 인생

작사 & 작곡 이순희

♩=78
예수 안 에있는인생 은 가 장 행 복한 인 생
예수 안 에있는인생 은 세상의 모 든문제초월하 네 (예수)
연약한자라도 예수의지하면 강한인생살게되 고
비천한자라도 예수의지하면 고귀한인생살아가 네
행 -복한 인생의 비 결 예수안에 거하는 것
예 -수안에 거하는 자 의와 평강희락 넘쳐나 네
어떤풍 랑이-닥쳐 도 흔 들 리 지않 - 는
강건 한 내면소유하 여 진리안에 자 유하며살아가 네

예수님의 은혜 154

작사 & 작곡 이순희
♩= 80
A A/C♯ D A/C♯ D E E/G♯
예 수 님의 은 혜 끝 이 없 다 네
5
A A/C♯ D E E/G♯ A
하 늘보다 높 고 바 다보다깊 네
9
E D E D E
저 높은 곳으로 주 계신곳 으 로
13
E D E D E A
저 깊은 곳으로 은 혜의바 다 로
17
D E D E
달 - 려나가 리 주 님의 품으로
21
D E E E/G♯ A
달 - 려나가 리 천 성을 향하 여

155 완전한 승리

작사 & 작곡 이순희

♩=96
A Bm A/C# D E D D/F# E/G# A
Fine
완전 한승리 예수 께있네 영원 한승리 예수 께있네
5 A A/C# D E D E
믿 음으로 무장 하여 예 수바라보는 자
9 E A/C# D E E/G# A
부 족함을 뛰어넘어 - 승 리하 겠 네
13 A A/C# D E D E
소 망으로 무장 하여 성령충만구하는 자
17 E D E E/G# A A/C#
절 망을 뛰어넘어 - 승 리하 리 라
21 E A/C# D A/C# E F#m Bm/D E
우리모두 믿음 소망 사랑 으 로 무장 하 여
25 E A/C# D A/C# E E/G# A A/E
영 원한 승리 향해 전진 또 전 진합 시 다
29 A E/G# A E/G#
상 - 황과 환경이 막 혀 있 어 도
33 A E/G# E E/G# A
주 - 를바 라보며 뚫 고 나 가 리

37
A A/C♯ D E D E
완 전하신 승리 의주 의지하는- 자
41
E A/C♯ D E E/G♯ A
영 광스런 승리의찬송 부르게되리
D.C

Copyright © 2024. 3. 5. SOONHEE LEE. All rights reserved. Used by permission.

전도

멈출 수 없네 156

작사 & 작곡 이순희

♩= 90
A♭ D♭/F E♭ D♭ A♭/C E♭ D♭ E♭ E♭/G
멈출수 없네 영혼향한- 나 의발 걸 음
5
A♭ D♭/F E♭ D♭ A♭/C E♭ E♭/G A♭ A♭/C
멈출수 없네 주를향한- 나 의열 정 을
Fine
9
E♭ E♭/G A♭ D♭/F E♭
죽 어가는영혼 살리기위한 불 타는 열 정
13
E♭ E♭/G A♭ D♭/F E♭/G A♭
주 의선한뜻을 이루기위한 뜨 거운 열 정
D.C

A 여자

157 우리는 걸어가네

작사 & 작곡 이순희

♩= 90
A E/G# D/F# E/G# A E/G# D/F# E/G# A
우리는걸어가네 주님계신곳으로 우리는달려가네 주님계신곳으로
Fine
A E/G# D/F# A/E D Bm E/G#
나 의 마음 달 려가네 주 님계신곳으 로
A E/G# D/F# A/E D E A A/C#
나 의 마음 달 려가네 주 님계신곳으 로
E A/C# E/B D/A D/F# E
나 의 마 음 주 만바라보 네
E A/C# E/B D/A D/F# E/G# A A/E
주 가 주 실 상 급바라보 며
A Bm D A/C# D E D E
나를향한 주님의 크신사랑에 두려움 사라지고 평안가득해
A Bm D A/C# D D/F# E/G# A
나를향한 주님의 크신사랑에 모든염려버리 고 달려나가리
D.C

우리의 인생을 주관 158

작사 & 작곡 이순희

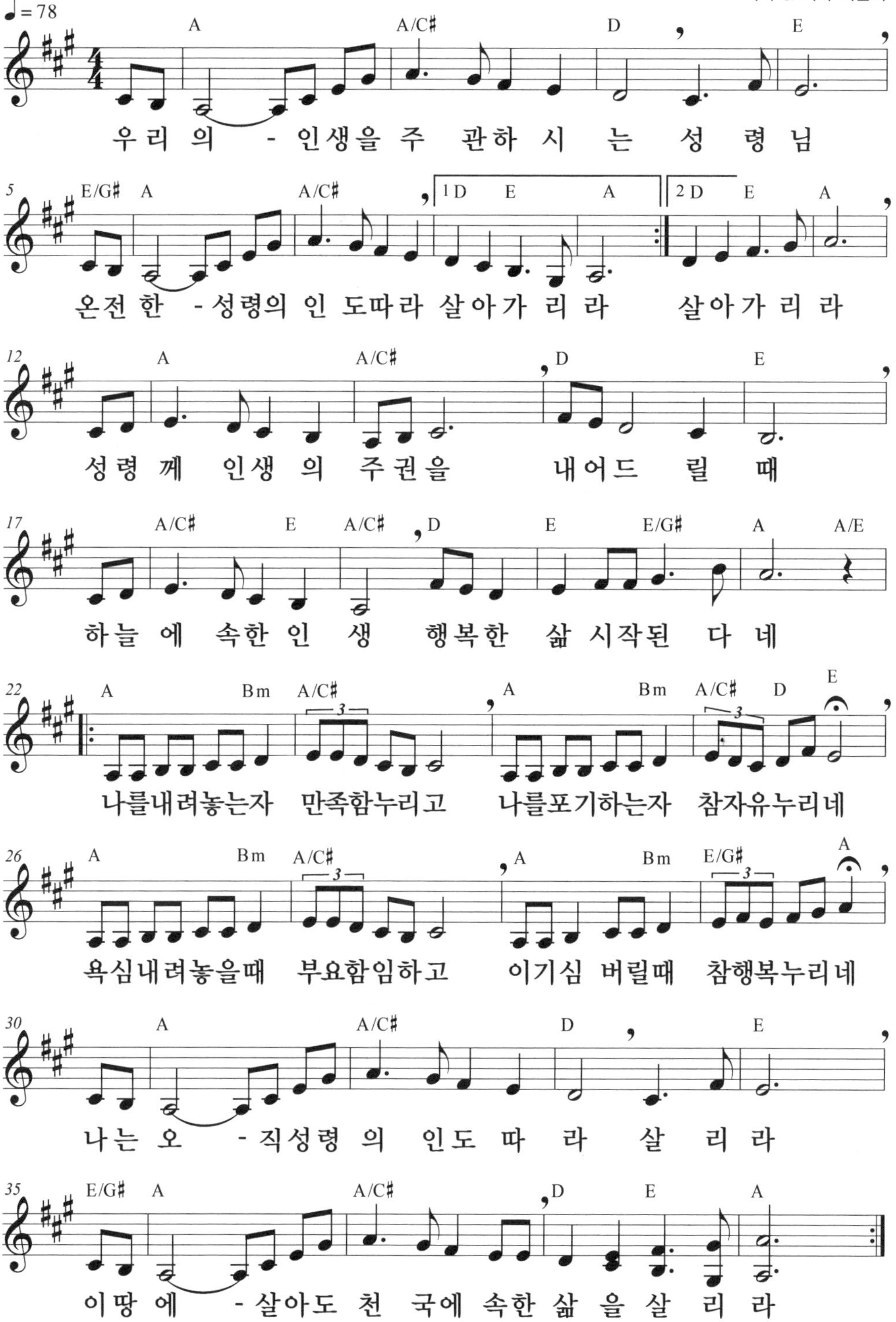

♩= 78

우 리 의 - 인생을 주 관하 시 는 성 령 님

5 온전 한 - 성령의 인 도따라 살아가 리 라 살아가 리 라

12 성령 께 인생 의 주권을 내어드 릴 때

17 하늘 에 속한 인 생 행복한 삶 시작된 다 네

22 나를내려놓는자 만족함누리고 나를포기하는자 참자유누리네

26 욕심내려놓을때 부요함임하고 이기심 버릴때 참행복누리네

30 나는 오 - 직성령 의 인도 따 라 살 리 라

35 이땅 에 - 살아도 천 국에 속한 삶 을 살 리 라

159 인생의 참된 행복은

작사 & 작곡 이순희
♩= 80
인 생의 참된 행 복은 하나 님께 있 네
세 상많 은 사 람들 행복 찾아 헤매 이지 만
하나 님을 알지 못해 행 복 할수 없 네
헛된 행복 구할 수록 더 욱 허무해지 네
하 나님을- 찾지 못해 방황 하며 사 네
하 나님이- 없는 인생 행복 할수 없 네
모든욕심내려놓 고 주를바라보리 라
마음과힘과뜻다 해 사랑의주 찾으 리
하 나님 을 찾 는자 마침 내행복찾 아
참 기쁨 과 참 만족 넘치 는인 생살 게되 리

전신갑주 전신갑주 입고 160

엡 6:13-18

작사 & 작곡 이순희
♩= 100
A Bm A/C♯ D A/C♯ D E E/G♯
전 신 갑주 전 신갑주 입 고 전진 하 세
5
A Bm A/C♯ D A/C♯ D E A A/C♯
우 는 사자 우 는사자 처 럼 두루다니 며
9
E A/C♯ D A/C♯ D E
삼 킬자를 찾 는 어둠의 권세 물리 치 고
13
E A/C♯ D A/C♯ D E A A/E
승 리하- 는 삶 살기위해 전신 갑주입으 세
17
A E/G♯ D/F♯ E D E
진리의 허리띠 의의호심경 평안의 복음이 준비한 신
21
Bm/D A/C♯ E/B A/C♯ E D E A
모든것위에 믿음 의 방패가지고 악한자의모든불화 살 소멸하고
25
A Bm A/C♯ D E
구 원의투구 성 령의검 하나님의말씀가지 라
29
A Bm A/C♯ D A/C♯ D E A
항 상 깨어 성 령-안 에 서 기도하- 라

161 천국을 향해

작사 & 작곡 이순희

♩= 80
천 국을향 해 - 달려나가세 주님예비하신집으 로
육 신의장 막집 벗은후에는 하나님이지으신집 들어가 네
Fine.
눈 물없는곳 슬픔없는곳 사 망이없 는 곳
아 픔없는곳 고통없는곳 천 국을준비하 네
불타지않는인격 의 공적으로 찬송과예배의 공적으 로
영혼구원으로 천국의지경을 넓히는공적쌓으 세
D.C

하나님의 놀라운 사랑

162

작사 & 작곡 이순희
♩=72
하 나님의 놀라 운사랑 나와 함께하시 네
지 금의내가나 된 것 은 하나 님의은혜 라
하 -나님의 놀라운손길 나를어루만지시 네
나 -를사랑 하시는주의 크신사랑힘 입 어
십자가의복음 전하며사네 온힘 다 하 여
땅끝까지복음 전하며사네 생명 다 하 여
주 의사랑 나를 강권해 열매 맺게하시 네
오 늘도주의복 음 들 고 영혼 살리러가 네

A
여자

163 하나님이 내게 주신

작사 & 작곡 이순희

♩= 76
하나님이내게주신 비전은 - 나의삶에열정을 - 더하고 -
하나님이내게주신 비전은 - 거룩한긴장과 - 겸 손으로 -
내마음에소망이 넘 쳐 나게하 네 - -
내일을준비하며 살 아 가게하 네 - -
하나 님이내게주신 비전 따라살아가니 좌로나우로나치우치지않 네
하나 님이내게주신 비전 따라살아가니 어떤 장애물도뚫고사 네
나이 제 의심과 - 나태 함 을극복하여 승리 하며 살아가 네
주 님 주 신 비전품고 힘 차 게 달려 나 - 가 리

날 받으소서

작사 & 작곡 이순희

♪ = 84
Bb Eb/G Bb/F Eb F F/A Bb
날 받 으 소 서 날 받 으 소 서
Eb F Eb Bb/D Cm Bb Bb/D Eb
날받으소서 날받으소서 내게무슨악한행위 악한행위있나보시 고
Eb F Eb Bb/D Cm F F/A Bb
영원한길로 생명의길로 정결한길로 의로운길로 나를인도하 소 서
Gm F Eb Bb/D Eb F
내 게 무 슨 악 한 행 위 있 나 보 시 고
Eb F Eb Bb/D Eb F Bb
영 원 한 길 생 명 의 길 로 인 도 하 소 서

B
여자

165 많은 사람들 상처에

작사 & 작곡 이순희
♩= 82
많 은사람들 상 처에 사로잡 혀 고통속에 살아가 네
외 로움-과 소외감에 사로잡 혀 고독하게 살아가 네
세상 의헛 된 행복찾아- 허망한 것을좇 네
온갖 쾌락 좇아 보지 만- 남는것은 곤고한 영 혼 뿐
우 리모 두 어둠가운 데 헤매는 영혼 들 에게-
주 의 말 씀 복-음의 씨 뿌려주의복음 전 하 세
복음의 능력을 덧 입 고 사랑이 식어진곳 에 사랑을
지치고 굳어진 마 음 을 녹이고 병든마음 치료하 세
주 의사랑으로 상 처를 치료받 고 주의복음 전-하 네
세 상헛된것 좇아가는 사람들 을 주님께로 인도하 네

생수의 강 흘러 넘쳐 166

작사 & 작곡 이순희

♩= 80
생 수의 강 흘러넘 쳐 정 결한영혼으로 변화되 네
백 합화 처럼 순결하고 소나무 처럼 소생시키는 곳 OO교회
외 롭고 갈길 몰라방황 하는영 혼들의 샘터 영혼의 쉼터
날 마다소 생의 역사 - 기적의역 사 일어 나 네
날 마다우리영혼 에서 - 생수의강 흘 러넘 치 네
소망없이곤고하 고 지친자 외로운자괴로운 자
깊은수렁에빠져 있는자 - 들 새날을맞이하는 곳
기 적의 현장 변화의 현장 치 료의 현장 OO교회
성 령으 로 - 연단받은 강한용 사가세워지는 OO교 회

B — 여자

167 성령을 받은

작사 & 작곡 이순희
성 령을받은 - 우리의 삶 놀라운 변화가 생 기 네
생 각과언어 - 태도와 행동 - 모든것이변화되 네
아 무리 완악 한 사람이라 도 온유한자 로
아 무리 연약 한 사람이라 도 담대한자 로
무 지한 자라 도 지혜로운 자로 - 변화된다 네
성 령을받은 - 우리의 삶 놀라운 변화가 생 기 네
생 각과언어 - 태도와 행동 - 모든것이변화되 네

성령의 충만함

작사 & 작곡 이순희

♩= 76
성 령의충 만 함 충만받을 때 우리의인 생
감 사와기 쁨 과 평안넘치 네 찬양샘솟 네
Fine.
성령 의충 만 함 받을때 차고넘치네 우리의인생
창조 적인 인 생 풍요로 운 인생살게되 네
성 령의능 력 은 환 경과 상 황을뛰어넘 고
성 령의권 능 은 강 력한 죄의결박끊어내 네
D.C

169 열매맺는 삶 살아가세

작사 & 작곡 이순희

♩= 82
열 매맺는삶 살아가세 - 자기를 부인하 고
누구 든지 나를따라오려 거 든 자기를 부인 하고
날마 다자 기 십자가를지고 나 를 따르라 말씀 하 시 네
나 를 내려 놓는만 큼 아름답고풍 성 한
영 혼 의 열매맺 네 우리모두내려놓고 열매맺으세
기도의 열매 찬양의 열매 감사의 열매 기쁨의 열매
인격의 열매 회개의 열매 빛 - 의 열매 성실의 열매
사랑의 열매 전도의 열매 선교의 열매맺으 세
구제의 열매 겸손의 열매 헌신의 열매맺으 세
열매 맺는 삶을살기위 - 하 여 자아를 내려 놓고
주만 의지 하여 하나님의기쁨 되 어 주님께 영광 돌 리 네

우리의 인생에

작사 & 작곡 이순희
♩= 76
우 리의인 생 에 파도 와 같은문제 닥쳐와 도
예 수를바라보 면 문제 를 초월할 수 - 있 네
우 리의 눈앞 에 거친풍랑일어나 도
하늘의것 구하 면 문제를 이길수있 네
영 의눈을뜨 면 그 어떤 장애 물이 있어 도
하 나님의섭리 를 바라보고 담대 히넘 어가 네
영의귀가 열리 면 선 명한 주의음성 듣게되 네
영의귀가 열리 면 하나님이 예비하신 축복받 네
우 리의인 생 을 통치 하 시는주를 바라보 며
인 생의환 난 을 이기 는 능력의삶살아가 네

171 위의 것을 바라보며

작사 & 작곡 이순희

♩=76
Bb Cm F/A Eb/G F/A Bb
위 의것을- 바라보-며 성령으로사는인 생
5 Bb Cm F/A Eb/G F F/A Bb Bb/D
열 린하늘에 뿌리내리고 천국의 소망을품 네
9 F Gm F/A Bb F/A Bb Bb/D
영 에 속한 인 생 하나님의 말씀대로사는 인 생
13 F Eb Bb/D F Eb F F/A Bb
주 님 의뜻- 이루기위해 삶의초점사명에 맞추 는삶
17 Bb Cm F/A Eb/G F/A Bb
위 의것을- 바라보-며 영에속한삶을 살 리
21 Bb Cm F/A Eb/G F F/A Bb Bb/D
믿음 과사랑- 능력가지고 주님의 동역자되 리

일분일초 일분일초

172

작사 배지희
작곡 이순희
♩= 90
Bb Bb/D Eb F Bb/D Eb Eb/G Bb
일분 일초 일분일초가 바빠 일분 일초가 아까 워
Bb Bb/D Eb F Bb/D Eb F Bb
죽어 가는 영혼살리기 위해 복음 전하기 에 바빠
Fine
Eb F Eb Bb/D F Bb/D Eb F
일분 일초 가 바 빠 일분 일 초 가 아 까 워
Eb Bb/D F Bb/D Eb F Bb
인생 이라는짧은 기회 허비 하 지 않고 주위해 살 리
F Eb F Bb/D Eb F Eb F
내영혼아 깨 어라 근신하라 주의 복음전하라
F Eb F Bb/D Eb F/A Bb
내영혼아 주를위해 부지런히 달려 라
온힘다해 복음전해 주님의뜻 이루 리
D.C

B
여자

173 주를 믿는 자는

작사 & 작곡 이순희
♩= 80
B♭ Cm F/A F E♭ F
주를믿는자는 기도를통해 하늘 문을열 고
B♭ Cm F/A E♭ F B♭ B♭/D
하 나 님의 음성을듣는 은혜를누 리 네
E♭ F B♭/D F E♭ F
주 의뜻 알게하시고 사명을알게하시 는
E♭ F B♭/D E♭ F B♭ B♭/D
하 나님의- 강력한음성 듣게 하 시 네
E♭ B♭/D E♭ F
인 -생의 방향을 분 별하게 하 는
E♭ B♭/D E♭ F B♭
하 -나님의 따뜻한 음 성을듣기원하 네
B♭ Cm F/A F E♭ F
하 나 님의- 음-성-에 귀를 기울이 면
B♭ Cm F/A E♭/G F/A B♭
참 된 평안- 기쁨누리며 자유를누 리 네

찬양 우리의 모든 것

작사 & 작곡 이순희

♩=90
B♭ B♭/D F E♭/G F E♭ F F/A B♭
찬 양 우 리의모든것 깨우는 능력의 찬 양
B♭ B♭/D E♭ B♭/D F E♭ F F/A
능력의 찬양 은 우리 의 영혼을 깨우 네
B♭ B♭/D E♭ B♭/D F F/A B♭ B♭/D
우리의 용기 와 기상 을 깨우는 찬 양
F E♭ F F/A E♭/G F F/A
능 력의 찬양 은 모든결박 끊 고 자유케하 네
B♭ E♭/G F E♭ F F/A B♭ B♭/D
우 리의 잠재력 을 깨우는 영 광의 찬 양
E♭ B♭/D F E♭/G F
찬 양이 넘치 는 곳 에 하나님이임재하시 네
E♭ B♭/D F F/A B♭
찬 양이 넘치 는 곳 에 하나님이역사하시 네
B♭ B♭/D E♭ B♭/D F E♭ F F/A
나의마 음다하 여 정성 다 해찬양 하리 라
B♭ B♭/D E♭ B♭/D F F/A B♭
나의주 하나님 만 높이 며 찬양하 리 라

175 하나님이 찾으시는

작사 & 작곡 이순희
하나 님이 찾으 시는 사람 이 내가되길원 해
하나 님은 어린 아이 같이 순수한자찾으시 네
하 나님은 겸손한자순종하는 자 만들어쓰시 네
하 나님께 쓰임받기원하는 자 겸손하게순종 하 세
하 나 님 께 발견되어 주님쓰시기에 합당한자로
성 령 안 에 연단되어 주님주신사명 감당하 - 세
나는 이제 하나 님이 찾으 시는한 - 사람되 어
나의 생명 나의 열정 다해 충성하며살 - 리 라

할렐루야 주께 영광

176

작사 & 작곡 이순희
♩= 90
B♭ E♭/G B♭ F/A B♭
할렐루야 주께영광 오직 주께 영 광
B♭ Cm F/A E♭/G F
성 령의인도받 아 살 아가는나의 삶
B♭ Cm F/A B♭
결 코정죄함없 네 진리안에자유하 네
E♭ B♭/D F E♭ F
내 영 혼 깊은곳에서 샘 솟는평안과기 쁨
E♭ B♭/D F E♭ F B♭ B♭/D
그 누구도 빼앗지못해 그무엇과바꿀수없 네
F E♭ F B♭ Cm E♭ F
육 신은후퇴하 나 속 사람 날로날로새롭게되 네
F E♭ F B♭ Cm F/A B♭
이 평강이 - 기 쁨 이 제는 결코빼앗기지않으 리
B♭ Cm F/A E♭/G F F/A
오 직주의사랑 이 오 직주의능력 이
B♭ Cm F/A B♭
나 를고쳐주셨 네 나를변화시키셨 네

177 거칠게 불어오는

내적치유

작사 & 작곡 이순희

♩=72
Gm G/B♭ Cm Gm/B♭ Cm D D/F♯
거 칠게 불어오 는 인생의 풍랑 인생의고 - 통
Gm G/B♭ Cm Gm/B♭ D Gm
상 처를 더 - 하 는 매섭게 불어닥친고난의파 도
Gm D/F♯ Gm Gm/B♭ Cm D D/F♯ Gm
마 - 음의 공허와 외로움 두려움만쌓 여가 네
Gm D/F♯ Gm Gm/B♭ Cm D D/F♯ Gm
처 - 절하게 무너져 내릴때 나의주님찾아오셨 네
Gm D/F♯ Cm/E♭ D/F♯ Gm D/F♯ Cm/E♭ D D/F♯
사랑의주내삶에 빛을비춰주시고 사랑한다말씀하시 네
Gm D/F♯ Cm/E♭ D/F♯ Gm D/F♯ Gm
너는두려워말라 너는놀라지말라 내가너와함께하리 라
Gm G/B♭ Cm Gm/B♭ Cm D
나 의주 사랑의 주 나와함 께하 시니두렴없 네
Gm G/B♭ Cm Gm/B♭ D Gm
거 친풍 랑가운 데 날지키시 는 - 주를찬양하리 라

고단한 인생길

작사 & 작곡 이순희
♩= 74
Gm Gm/B♭ A° D/F♯
고 단 한인생 길 내영혼 피 곤케 하 고
Gm Gm/B♭ Cm D D/F♯ Gm
허 무 한인생 길 내마음 곤 고케 하 네
D/F♯ Gm D/F♯ E♭ D Gm/B♭ D
그 때 나의 주님찾아오셔서 내 손붙 드 사
D/F♯ Gm D/F♯ E♭ D D/F♯ Gm
주 의 날개 그늘밑 으 - 로 인 도하 시 네
Gm D/F♯ Gm Gm/B♭ Cm D D/F♯
지치고피곤한영 혼 일으키시는주 님
Gm D/F♯ Gm Gm/B♭ Cm D D/F♯ Gm
상하고찢긴영혼 을 어루만져고치시 네
Gm Gm/B♭ A° D/F♯
나 이 제주님 의 품 에 항 상거 하 리
Gm Gm/B♭ Cm D D/F♯ Gm
나 의 만족되 신 주 만 찬 양하 리 라

179

괴로운 인생

내적치유

작사 & 작곡 이순희

♩=68
Gm A° Cm D D/F♯
괴 로운 인 생 내 뜻 대로되지않는인 - 생
5 Gm A° Cm D Gm Gm/D
날 마다 울 며 답 답 하다외치며살아왔 네
9 Gm D/F♯ Gm Cm/E♭ D D/F♯
그 - 러나 나의주 님 나 를외면치 않으셨 네
13 Gm D/F♯ Gm Cm/E♭ D/F♯ Gm
사 - 랑의 주님을 만났네 나 의삶이변화 되 었 네
17 Gm A° Cm D D/F♯
나 이제 주 의 말 씀 따라살기원 - 하 - 네
21 Gm A° Cm D Gm
날 마다 주 를 찬 양 하며주 - 위해살 리

깊은 내면의 상처와

작사 & 작곡 이순희

♩= 76
Gm D/F♯ Cm/E♭ D/F♯
깊은 내 면의 상처 와 외로 움 으로 인 해
Gm D/F♯ Cm/E♭ D/F♯ Gm
홀로 세 상에 남겨 져 살아 가 는것 같 네
Gm Gm/B♭ D Gm/B♭ D
깊 - 은한숨 과 탄식 소 리만 울릴 때
Gm Gm/B♭ D D/F♯ Gm Gm/B♭
나 - 의아픔 과 상처 아 시는 주 님
D Gm/B♭ D D/F♯ Gm Gm/B♭ D
넘치는사랑과 은혜부어주시네 나이제상처보다 크신주보네
D Gm/B♭ D D/F♯ Gm Gm/B♭ D Gm
나이제주님의 사랑을깨달았네 나이제새로운인 생살아가네
Gm D/F♯ Cm/E♭ D
주님 의 빛발 하는 삶 빛을 발 하는삶사 네
Gm D/F♯ Cm/E♭ D/F♯ Gm
주님 의 복음 전하 며 복음 전 하며 사 네

181 나의 앞길이

내적치유

작사 & 작곡 이순희
♩= 76
Gm Gm/B♭ Cm D D/F♯ Gm
나의앞길이 보 이 지않아 막 막 함에한숨만쉬 네
Gm Gm/B♭ Cm D D/F♯ Gm
어 둠속을 헤 매 이면서 갈 길 몰라방황을하 네
D Gm/B♭ Cm D Gm/B♭ D D/F♯
나 홀로걸어간다 생각하면서 외로움만키 워갔 네
Gm D/F♯ Gm Cm/E♭ D Cm D
그 러나 나의 주님 언 제나 나와 함 께하시고
Gm A° D/F♯ Gm Gm/B♭ D Gm
한걸 음씩 한걸 음씩 동행하여 주 시 네
Gm Gm/B♭ Cm D Gm/B♭ Cm D
주님과함께 걷는인생길 더 이상 외롭지않아
주님과함께 걷는인생길 꽃 길로 향기넘치네
Gm Gm/B♭ D Gm/B♭ Cm D D/F♯ Gm
행 복과 감-사가 꽃으로피어나 네
나 의주 나의영 혼 빛으로채우시 네

내 형제들아

182

약 1:2-4

작사 & 작곡 이순희

내 형제들 아 너희가 여러가지시험 을
만 나거 - 든 온전히 기쁘게여 기 라
이 는너희믿음에 시 련 이 인 내 를
만 들어 내는 줄 너 희 가 앎 이 라
인 내를온 전히 이 루 라 이 는너 희 로 온전하고
구비하 여 조금 도 부족함 없 게하려함이 라
고 난을유익으 로 만드시 는 나의주 님 께
나 의인 생 을 맡기며 찬 양 하 리 라

B
여자

183 마음을 치료

내적치유

작사 & 작곡 이순희
♩= 80
마 음을치료받기 원 하면 마 음을새롭 게 해야 하네
마 음을고치시는 주 님의 치 료의광선 을 받 기 위해
상 처를 사명 으 로 욕 심을 섬김 으 로
고 집을 순종 으 로 바 꿔야 하 네
성 -령의 은 혜로 마 음을 열 때
주 -께서 우리 마음 치 료하 시 네
주 의음성 듣고 마음 문열때 주 님내게찾 아 오- 시네
주 께서내 안에 주인 되실때 마 음치료받 고 자유누 리네

상처로 가득한 184

작사 & 작곡 이순희
♩=76
상 -처 로 가득한 내마음 주 의은혜깨닫지 못 하 네
자 존심 에 갇혀있는내영혼 작은일에상처받고 괴로워하네
인 생의한 계 에 부딪혀 울 부짖 을 때
사 랑의나 의 주 빛으로 다 가오 시 네
주의사랑나를감싸 안아주시네 상처로 맺힌눈물 닦아주시네
주의사랑나를감싸 안아주시네 상처로 맺힌눈물 닦아주시네
상 -처 입은 꽃잎이 향기내듯 나이제그리스도의 향 기 로
상 -처 입은 치유자 되-어 주의복음전 하며 살-리 라

185 어두운 인생길에

내적치유

작사 & 작곡 이순희
♩= 80
어두 운인생길 에 빛되신나의주 님
은혜 의하늘에 서 내리는빗물처 럼
길잃 은우리영혼 에 갈길 을알게하시 네
주님 의놀라운사 랑 내안 에흘러넘치 네
모든아픔과상처 치유하시는주 은혜의손길로 나를감싸네
은혜의하늘에서 내리는빗물처럼 놀라운주의사랑 차고넘치네
주님 의충만한은 혜 끝없 는주의사 랑
내영 혼깊은곳에 서 찬양 이울려퍼지 네

어둠 속을 헤치고 186

작사 & 작곡 이순희

어 둠속 을헤치 고 걸어가네 고난 속에서 주 의 빛을찾아
저 하늘 높이 비 상-하리 성령 의능력 의 지 하-여
환 난속에서도 찬양 하리 보배되신주-님을 모-시고-
환 난속에서도 찬양 하리 모든것을합력하여 선을이루시네
곤고하고 힘이들때 주의손 잡고 일어서리
외-롭고 낙심될때 내인생 주께 맡기 리
주 의사 랑나를 강 권하시니 어떤 환경에 도 해를받지않네
성 령의능력 날 붙드시니 이땅 에서도 천 국 누리네

187 온 세상이 어둠에

작사 & 작곡 이순희

♩= 80
온 세 상이 어둠에 잠 겨 있을 때
우 리 는주의 사랑으로 빛 을 비 추 네
이 타 적인마음 으 로 손 을내 밀 며
온 세 상에희망 의 문 열 어가 네
우 리 의헌 신 - 이 하 늘 에울 려
영 원 토록 주의영광 나 타 내 리 라

우리의 무의식에 188

작사 & 작곡 이순희

♩= 80
Gm G/B♭ D D/F♯ Gm Gm/B♭ D D/F♯
우 리의 무의식 에 스며들어 인 생을끌고가는상 처
5 Gm Gm/B♭ D D/F♯
우 리의 생각과 감 정을 병 들게 하 는 상 처 는
9 Gm Gm/B♭ D Cm Gm/B♭ D D/F♯
한 -계로 가득한 삶 갇힌 삶을살게하 네
13 Gm Gm/B♭ D Gm/B♭ A° D/F♯ Gm
십 -자가의 능력으 로 상 처를 이용하 는
17 Gm Gm/B♭ D Gm/B♭ D
어 둠의 간계를 깨 닫고 예 수의 이름으로승리하 여
21 Gm Gm/B♭ D D/F♯ Gm
진 리안 에자유 한 삶 행 복 한 삶 을 살아 가 세

B
여자

189 우리의 영혼을

작사 & 작곡 이순희

♩= 80
우 리의 영혼을 치료 하시는 능력의나의 주 님
우 리의 영혼을 치료 하시는 사랑의나의 주 님
담 대함 속에 숨 겨 둔 두 려운 영 혼
화 려함 속에 감 춰 둔 가 난한 영 혼
친밀함속에가려 진 외 로운 영 혼
열 - 정속에가려 진 게 으른 영 혼
무 의식 속에 감 춰둔상 처 모두다치료하시 네
성 결한 영혼 정 직한영혼으로 날소생시키 시 네

캄캄한 어둠이 드리우고 190

에스더의 고백

작사 박진호
작곡 이순희

♩= 72
캄캄 한 어둠이드리 우고 - 커다 란 수렁이놓여 있네 -
내숨 을 옥죄는많은 대적 - 거대 한 힘으로짓누 르네 -
아 - 무리 둘러보아도 넘어설 힘 내겐 없어 -
간 - 절히 외쳐보아도 날 도울이 전혀 없어 -
그 러나이제는 주만의지하여 기 도하네 주만 바라보네 -
주 님께맡기고 믿음으로나가네 주님내게능력주소 서
죽으 면 - 죽 - 으 리라 - 죽으 면 - 죽 - 으 리라 -
두렵 없 이전 - 진 하며 - 주의 사 명감당하 리라 -

B
여자

영혼을 살리는 찬양 6

펴낸일	2024년 3월 31일
펴낸이	이순희
펴낸곳	기독교생활영성연구원
편집	원미현, 허신영
디자인	김한지
주소	인천광역시 남동구 장아산로 205번길 16
전화	032) 469-0191~2
FAX	032) 469-0190
Homepage	http://www.baeksong.kr

발행처	선교횃불CCM2U
등록일	1999년 9월 21일 제 54호